공부 잘하는 아이, 독서 잘하는 아이로 키우려면 어휘력 먼저 키워 주어야 합니다!

공부 잘하고 책 잘 읽는 똑똑한 아이들에게는 공통점이 있습니다. 바로 그 아이들이 알고 있는 단어가 많다는 것입니다. 어휘력이 좋아서 책을 잘 읽는 것은 이해가 되는데, 어휘력이 좋아야 공부도 잘한다는 것은 설명이 좀 필요할 것 같습니다. 다음 말을 읽고 곰곰이 한번 생각해 보세요.

"사람은 자신이 아는 단어의 수만큼 생각하고 표현한다."
"하나의 단어를 아는 것은 그 단어를 둘러싸고 있는 세상을 아는 것이

이 말에 동의한다면 왜 어휘력이 좋아야 공부를 잘하는지 알 수 있을 것입니다. 공부는 세상을 이해하고 자신을 표현하는 일련의 과정이기 때문에, 어휘력을 키우면 세상을 이해하는 능력과 사고력이 자라서 공부를 잘하는 바탕이 마련됩니다.

예를 들어 볼까요? 두 아이가 있습니다. 한 아이는 '알리다'라는 낱말만 알고, 다른 아이는 '알리다' 외에 '안내하다', '보도하다', '선포하다', '폭로하다'라는 낱말도 알고 있습니다. 첫 번째 아이는 어떤 상황이든 '알리다'라고 뭉뚱그려 생각하고 표현합니다. 하지만 두 번째 아이는 길을 알려 줄 때는 '안내하다'라는 말을, 신문이나 TV에서 알려 줄 때는 '보도하다'라는 말을, 세상에 널리 알릴 때는 '선포하다'라는 말을 씁니다. 또 남이 피해를 입을 줄 알면서 알릴 때는 '폭로하다'라고 구분해서 말하겠지요. 이렇듯 낱말을 많이 알면, 보다 정확하게 이해하고 정교하게 표현할 수 있습니다.

〈세 마리 토끼 잡는 초등 어휘〉는 아이들의 어휘력을 키워 주려고 탄생했습니다. 아이들이 낱말을 재미있고 효율적으로 배울 뿐 아니라, 낯선 낱말을 만나도 그 뜻을 유추해 내도록 이끄는 것이 〈세 마리 토끼 잡는 초등 어휘〉의 목표입니다. 공부 잘하는 아이, 독서 잘하는 아이로 키우고 싶다면, 이 글을 읽는 순간 이미 목적지에 한 발 다가선 것입니다. 〈세 마리 토끼 잡는 초등 어휘〉가 공부 잘하는 아이, 독서 잘하는 아이로 책임지고 키워 드리겠습니다.

세 마리 토끼 잡는 초등 어휘는 어떤 책인가요?

1 한자어, 고유어, 영단어 세 마리 토끼를 잡아 어휘력을 통합적으로 키워 주는 책

〈세 마리 토끼 잡는 초등 어휘〉는 한자어와 고유어, 영단어 실력을 단단하게 만들어 주는 책입니다. 낱말 공부가 지루한 건, 낱말과 뜻을 1:1로 외우기 때문입니다. 이렇게 공부하면 낯선 낱말을 만났을 때 속뜻을 헤아리지 못해 낭패를 보지요. 〈세 마리 토끼 잡는 초등 어휘〉는 속뜻을 이해하면서 한자어를 공부하고, 이와 관련 있는 고유어와 영단어를 연결해서 공부하도록 이루어져 있습니다. 흩어져 있는 글자와 낱말들을 연결하면 보다 재미있게 공부하고 오래 기억할 수 있습니다.

2 한자가 아니라 '한자 활용 능력'을 키워 주는 책

많은 아이들이 '날 생(生)' 자는 알아도 '생명', '생계', '생산'의 뜻은 똑 부러지게 말하지 못합니다. 한자와 한자어를 따로따로 공부하기 때문이지요. 〈세 마리 토끼 잡는 초등 어휘〉는 한자를 중심으로 다양한 한자어를 공부하도록 구성하여 한자를 통해 낯설고 어려운 낱말의 속뜻도 짐작할 수 있는 '한자 활용 능력'을 키워 줍니다.

3 교과 지식과 독서·논술 실력을 키워 주는 책

〈세 마리 토끼 잡는 초등 어휘〉는 추상적인 낱말과 개념어를 잡아 주는 책입니다. 고학년이 되면 '사고방식', '민주주의' 같은 추상적인 낱말과 개념어를 자주 듣게 됩니다. 이런 어려운 낱말은 아이들의 책 읽기를 방해하고 공부에 대한 흥미를 잃게 하지요. 하지만 〈세 마리 토끼 잡는 초등 어휘〉로 공부하면 낱말과 지식을 함께 익힐 수 있어서, 교과 공부는 물론이고 독서와 논술을 위한 기초 체력도 기를 수 있습니다.

세 마리 토끼 잡는 초등 어휘는 어떻게 이루어져 있나요?

1 전체 구성

〈세 마리 토끼 잡는 초등 어휘〉는 다섯 단계(총 18권)로 이루어져 있습니다.

단계	P단계	A단계	B단계	C단계	D단계
대상 학년	유아~초등 1년	초등 1~2년	초등 2~3년	초등 3~4년	초등 5~6년
권 수	3권	4권	4권	4권	3권

2 권 구성

〈세 마리 토끼 잡는 초등 어휘〉 한 권은 내용에 따라 PART1, PART2, PART3으로 나누어져 있습니다.

PART 1 핵심 한자로 배우는 기본 어휘(2주 분량)

10개의 핵심 한자를 중심으로 한자어와 고유어, 영단어를 익히는 곳입니다. 한자는 단계에 맞는 급수와 아이들이 자주 듣는 낱말이나 교과 연계성을 고려해 선별하였습니다. 한자와 낱말은 한눈에 들어오게 어휘망으로 구성하였고, 다양한 활동을 통해 낱말의 뜻을 익힐 수 있게 꾸렸습니다. 또한 교과 관련 낱말을 별도로 구성해서 교과 지식도 함께 쌓을 수 있습니다.

단계별 구성(P단계에서 D단계로 갈수록 핵심 한자와 낱말의 난이도가 높아지고, 낱말 수도 많아집니다.)

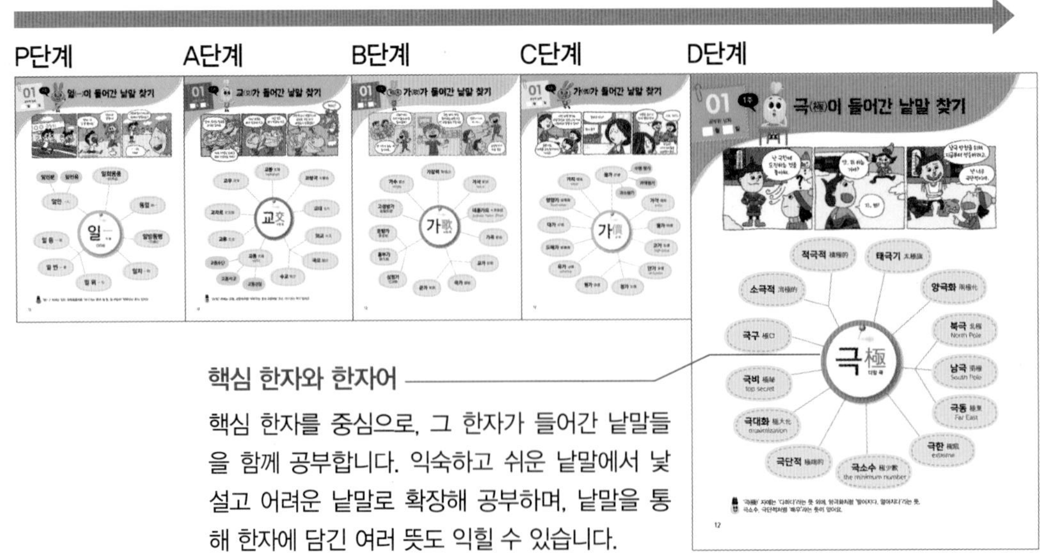

PART 2 뜻을 비교하며 배우는 관계 어휘(1주 분량)

관계가 있는 여러 낱말들을 연결해서 공부하는 곳입니다. '輕(가벼울 경)', '重(무거울 중)' 같은 상대되는 한자나, '동물', '종교' 등 하나의 주제를 중심으로 관련 있는 낱말들을 모아서 익힐 수 있습니다.

상대어로 배우는 한자어

상대되는 한자를 중심으로 상대어들을 함께 묶어 공부합니다. 상대어를 통해 어휘 감각과 논리력을 키울 수 있습니다.

주제로 배우는 한자어

음식, 교통, 방송, 학교 등 하나의 주제와 관련 있는 낱말을 모아서 공부합니다.

PART 3 소리를 비교하며 배우는 확장 어휘(1주 분량)

소리가 같거나 비슷해서 헷갈리는 낱말이나, 낱말 앞뒤에 붙는 접두사·접미사를 익히는 곳입니다. 비슷한말을 비교하면서 우리말을 좀 더 바르게 쓸 수 있습니다.

헷갈리는 말 살피기

'가르치다/가리키다', '~던지/~든지'처럼 헷갈리는 말이나 흉내 내는 말을 모아 뜻과 쓰임을 비교합니다.

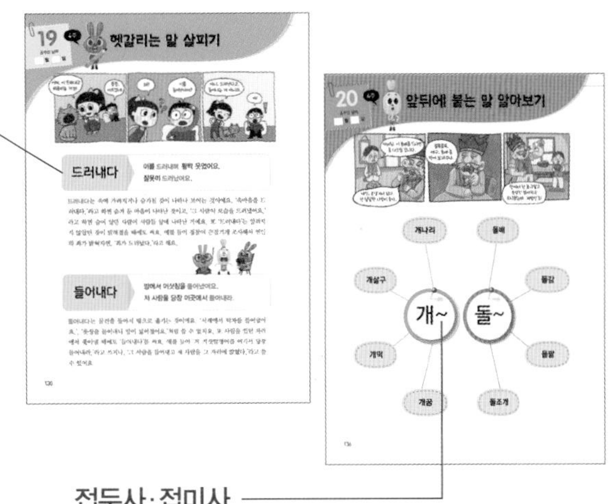

소리가 같은 말 비교하기

소리가 같은 한자를 중심으로, 소리는 같지만 뜻이 다른 동음이의어를 공부합니다.

접두사·접미사

'~장이/~쟁이'처럼 낱말 앞뒤에 붙어 새로운 뜻을 더하는 접두사·접미사를 배웁니다.

세 마리 토끼 잡는 초등 어휘 1일 학습은 어떻게 짜여 있나요?

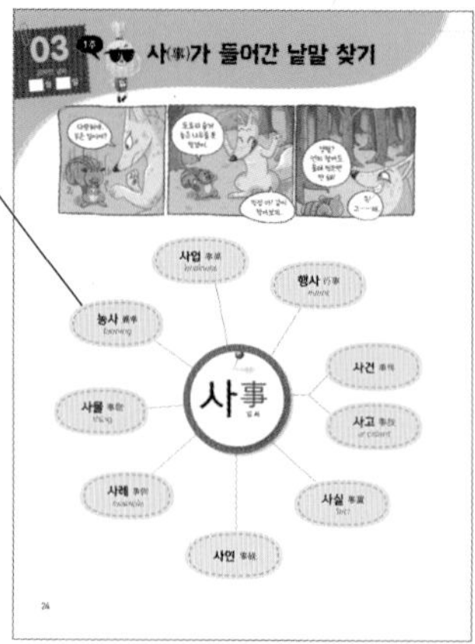

어휘망

어휘망은 핵심 한자나 글자, 주제를 중심으로 쓰임이 많은 낱말을 모아 놓은 마인드맵입니다. 한자의 훈음과 관련 낱말들을 익히면, 한자를 이용해 낱말들의 속뜻을 짐작할 수 있습니다.

먼저 확인해 보기

미로 찾기, 십자말풀이, 색칠하기 등 다양한 활동을 하며 낱말의 뜻을 정확히 알고 있는지 확인할 수 있습니다.

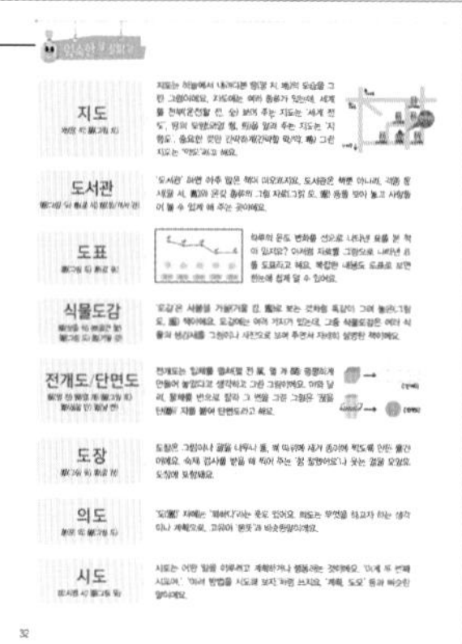

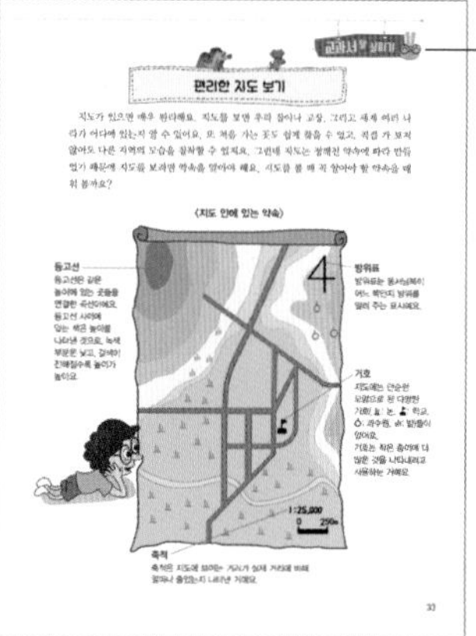

익숙한 말 살피기

낱말을 아이들 눈높이에 맞춰 한자로 풀어 설명합니다. 한자와 뜻을 연결해 공부하면서 한자를 이용한 속뜻 짐작 능력을 키울 수 있습니다.

교과서 말 살피기

교과 내용을 낱말 중심으로 되짚어 봅니다. 확장된 지식과 낱말 상식 등을 함께 공부할 수 있습니다.

특별 구성

★ '주제로 배우는 한자어'는 동물, 학교, 수 등 주제를 중심으로 관련 어휘를 확장해서 공부합니다.

속뜻 짐작 능력 테스트

앞에서 배운 내용을 잘 이해했는지 확인하고, 핵심 한자를 활용해 낯설거나 어려운 낱말의 뜻을 스스로 짐작해 봅니다.

어휘망 넓히기

관련 있는 영단어와 새말 등을 확장해서 공부할 수 있습니다. QR 코드를 찍으면 영어 발음을 듣고 배울 수 있습니다.

재미있는 우리말 유래 / 이야기

재미있는 우리말 유래/이야기

한 주 학습을 마치면, 우리말 유래나 우리말에 얽힌 이야기를 소개하는 재미있는 만화가 기다리고 있습니다.

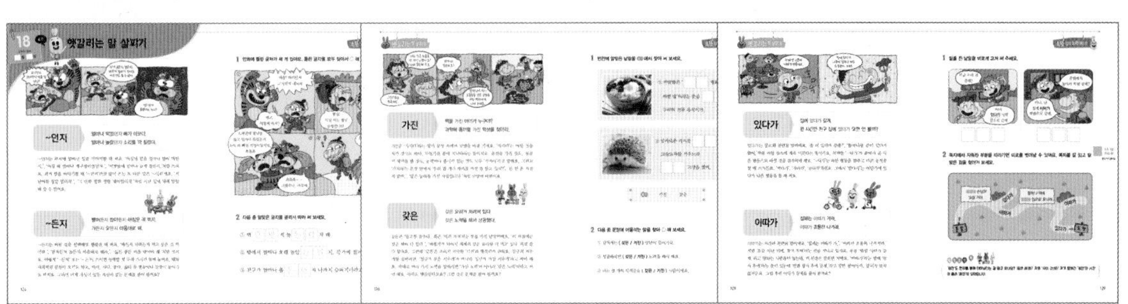

★ '헷갈리는 말 살피기'는 소리가 비슷한 낱말들을 비교할 수 있게 구성하였습니다.

세 마리 토끼 잡는 초등 어휘 이렇게 공부해요

1 매일매일 꾸준히 공부해요

〈세 마리 토끼 잡는 초등 어휘〉는 매일 6쪽씩 꾸준히 공부하는 책이에요. 재미있는 활동과 만화가 있어서 지루하지 않게 공부할 수 있지요. 공부가 끝나면 '○주 ○일 학습 끝!' 붙임 딱지를 붙이고, QR 코드를 이용해 영어 발음도 들어 보세요.

2 또 다른 낱말도 찾아보아요

하루 공부를 마치고 나면, 인터넷 사전에서 그날의 한자가 들어간 다른 낱말들을 찾아보세요. 아마 '어머, 이 한자가 이 낱말에 들어가?', '이 낱말이 이런 뜻이었구나.'라고 깨달으며 새로운 즐거움에 빠질 거예요. 새로 알게 된 낱말들로 나만의 어휘망을 만들면 더욱 도움이 될 거예요.

3 보고 또 봐요

〈세 마리 토끼 잡는 초등 어휘〉는 PART1에 나온 한자가 PART2나 PART3에도 등장해요. 보고 또 보아야 기억이 나고, 비교하고 또 비교해야 정확히 알 수 있기 때문이지요. 책을 다 본 뒤에도 심심할 때 꺼내 보며 낱말들을 내 것으로 만들어 보세요.

한 주 학습표

월	화	수	목	금	토
매일 6쪽씩 학습하고, '○주 ○일 학습 끝!' 붙임 딱지 붙이기					주요 내용 복습하기

세 마리 토끼 잡는 초등 어휘

P단계 3권

주	일차	단계		공부할 내용	교과 연계 내용
1주	1	PART1 (기본 어휘)		수(手)	[통합교과 봄 2] 미래의 나의 모습 상상해 보기 [통합교과 가을 2] 직업 놀이 준비하기
	2			민(民)	[통합교과 가을 1] 추석과 설날 비교하기 [통합교과 겨울 1] 우리나라의 전통 놀이에 대해 알아보기
	3			심(心)	[통합교과 가을 1] 놀이터에서 만난 이웃들의 모습 살펴보기 [통합교과 겨울 1] '사랑의 마음' 노래 익히기
	4			목(目)	[통합교과 봄 2] 꿈을 이룬 사람들의 모습 살펴보기
	5			교(校)	[통합교과 봄 1] 학교 안에 있는 교실 / 학교 안에서 지켜야 할 규칙
2주	6			한(韓)	[통합교과 겨울 1] 전통문화 알아보기 / 우리나라를 대표하는 한복
	7			국(國)	[통합교과 겨울 1] 태극기와 무궁화에 대해 알아보기
	8			군(軍)	[통합교과 겨울 1] 우리나라의 자랑거리 알아보기
	9			자(子)	[통합교과 여름 1] 가족에게 고마운 일 생각해 보기
	10			학(學)	[통합교과 가을 2] 동네 사람들이 하는 일과 직업 알아보기
3주	11	PART2 (관계 어휘)	상대어	대소(大小)	[통합교과 겨울 2] 세계 지도를 보며 이야기해 보기
	12			내외(内外)	[통합교과 겨울 2] 세계 여러 나라의 인사말 알아보기 [국어 2-1] 글을 쓸 때 알맞은 낱말 사용하기
	13			전후좌우 (前後左右)	[통합교과 봄 1] 학교 주변의 횡단 시설과 인도 안전하게 이용하기
	14		주제어	의복(衣服)	[통합교과 겨울 1] 한복에 대해 알아보기
	15			신체(身體)	[통합교과 봄 2] 몸에 있는 여러 부분의 이름 알아보기 [통합교과 여름 2] 학교와 집에서 지킬 수 있는 건강 계획 세우기
4주	16	PART3 (확장 어휘)	동음이의 한자	수(數/水)	[통합교과 여름 2] 다양한 집의 모양 살펴보기 [통합교과 겨울 2] 세계 여러 나라의 집 살펴보기
	17			목(目/木)	[통합교과 가을 1] 가을에 볼 수 있는 동물과 식물 살펴보기 [통합교과 겨울 1] 우리나라의 자랑거리 알아보기
	18		흉내 내는 말	개굴개굴/으르렁 우당탕/흑흑 윙윙/쉭쉭	[통합교과 봄 1] 봄에 들을 수 있는 소리 흉내 내기 [국어 1-2] 흉내 내는 말 알아보기
	19		헷갈리는 말	가리키다/가르치다 낫다/낮다/낳다 알갱이/알맹이	[국어 2-1] 알맞은 낱말을 사용해야 하는 까닭 알기 [국어 2-2] 헷갈리기 쉬운 말 구분하기
	20		앞뒤에 붙는 말	맨~/맨/맨	[국어 2-1] 글을 쓸 때 알맞은 낱말 사용하기 / 글을 읽을 때 낱말의 뜻 구분하기

contents

PART 1

PART1에서는 핵심 한자를 중심으로
우리말과 영어 단어, 교과 관련 낱말 들을 공부해요.

01 1주 수(手)가 들어간 낱말 찾기

공부한 날짜 월 일

수 手
손 수
hand

- 악수 握手
- 수화 手話 sign language
- 박수 拍手 clapping
- 수첩 手帖 notebook
- 가수 歌手 singer
- 세수 洗手
- 야구 선수 野球 選手

 '수(手)' 자에는 악수, 박수처럼 '손'이라는 뜻과 야구 선수, 가수처럼 '사람'이라는 뜻이 있어요.

1 각 낱말과 관련이 있는 그림을 찾아 ○ 하세요.

2 다음 중 빈칸에 '수' 자가 들어가는 것 네 가지를 찾아 직접 써 보세요.

박수/악수

拍(칠 박) 手(손 수) 握(잡을 악)

박수는 두 손뼉(손 수, 手)을 여러 번 마주치는(칠 박, 拍) 것이에요. 기쁘거나 축하할 때, 혹은 노래에 장단을 맞출 때 박수를 하지요. 한편 **악수**는 두 사람이 한 손씩 내밀어 마주 잡는(잡을 악, 握) 것이에요. 악수는 주로 인사할 때나 화해할 때, 감사하는 마음을 나타낼 때 해요.

수화

手(손 수) 話(말씀 화)

혹시 텔레비전 뉴스에서 손짓으로 소식을 전하는 수화 통역사를 본 적이 있나요? 이렇듯 손(손 수, 手)으로 하는 말(말씀 화, 話)이 바로 **수화**예요. 주로 잘 듣지 못하는 청각 장애인들이 이야기를 나눌 때 수화를 써요.

수첩

手(손 수) 帖(문서 첩)

수첩은 손에 들고 다닐 수 있는 작은 공책이에요. 몸에 지니고 다니면서 이런저런 내용을 기록할 때 쓰지요. 체험 학습을 갈 때 수첩을 가져가면 필요한 내용을 적어 나중에 다시 살펴볼 수 있어요.

세수

洗(씻을 세) 手(손 수)

세수는 손이나 얼굴을 씻는(씻을 세, 洗) 것으로, 세면이라고도 해요. 여럿이 씻을 수 있게 만든 곳은 장소를 나타내는 '마당 장(場)' 자를 붙여 '세면장'이라고 하지요. 세수, 세면과 비슷한말로는 '세안(씻을 세 洗, 얼굴 안 顔)'이 있어요.

야구 선수

野(들 야) 球(공 구)
選(가릴 선) 手(손 수)

'수(手)' 자에는 '손'이라는 뜻 외에 '사람'이라는 뜻도 있어요. 선수의 '수' 자가 바로 '사람'이라는 뜻이지요. 선수는 운동을 잘하거나 기술이 좋은 사람으로, **야구 선수**는 운동 경기 중 하나인 야구를 잘하는 운동선수예요.

가수

歌(노래 가) 手(손 수)

가수는 노래(노래 가, 歌) 부르는 일을 하는 사람이에요. 가수의 '수(手)' 자도 '사람'을 뜻하지요. 노래를 잘하기로 이름난 가수를 '이름 명(名)' 자를 붙여서 '명가수'라고 해요. 가수 외에도 목수, 무용수 등에 쓰인 '수(手)' 자도 '사람'을 뜻해요.

'수' 자가 붙은 여러 직업들

야구 선수는 야구를 잘해서 야구하는 것을 직업으로 가진 사람이에요. 가수는 노래를 잘해서 노래하는 것을 직업으로 가진 사람이고요. 직업은 생활을 꾸려 나가려고 하는 일로, 사람들은 자신이 좋아하거나 잘하는 것에 알맞은 직업을 선택해요. 그러면 '수(手)' 자가 들어간 여러 직업을 알아볼까요?

가수 가수는 노래 부르는 것이 직업인 사람이에요. 주로 많은 사람들이 즐겨 부르는 대중가요를 부르지요. 민요를 부르는 민요 가수도 있어요.

목수 목수는 나무(나무 목, 木)로 무엇인가 만드는 일이 직업인 사람이에요. 나무로 집을 짓거나, 책상이나 식탁 같은 가구, 각종 도구 등을 만들어요.

무용수 무용수는 음악에 맞춰 춤을 추는 무용(춤출 무 舞, 뛸 용 踊)이 직업인 사람이에요. 무용수 중에는 발레를 하는 발레리나(여자)와 발레리노(남자)도 있어요.

투수 투수는 야구 선수 중에서 공을 던지는(던질 투, 投) 일을 직업으로 가진 사람이에요. 투수가 공을 던지면 야구 방망이를 든 타자가 공을 쳐요.

직업 중에는 '수' 자뿐 아니라 '사' 자로 끝나는 직업도 있어요. 의사, 간호사, 요리사, 목사, 교사 등은 모두 '사' 자로 끝나지요. 이때에는 '스승 사(師)' 자를 써요. 하지만 '사' 자로 끝나는 직업 중에 변호사, 통역사, 정비사, 조종사, 운전사 등에는 '스승 사(師)' 자가 아닌 '선비 사(士)' 자를 써요.

속뜻 짐작 능력 테스트

1 친구들이 재미있게 놀면서 땀을 흘리고 있어요. '손 수(手)' 자가 들어가는 낱말을 말한 친구에게 수건 붙임 딱지를 붙여 보세요.

2 다음은 여러 직업을 가진 사람들이에요. 빈칸에 알맞은 글자를 써 보세요.

3 속뜻 짐작 낱말에 대한 설명을 읽고 '손 수(手)' 자가 들어간 낱말 두 개를 골라 보세요. (　　,　　)

① 맞수: 힘이나 재주가 비슷해서 누가 더 뛰어난지 겨루기 어려운 사람

② 거수: 손을 위로 올려서 인사를 하거나 의견을 냄.

③ 수영: 물속에서 헤엄치는 일

④ 수염: 어른 남자의 입 주변이나 턱 등에 나는 털

'손'이나 '사람'이라는 뜻이 들어간 낱말을 찾아봐.

우리 손에는 무엇이 있지요? 맞아요. 손가락과 손톱이 있어요.
손과 관련된 영어 단어를 알아볼까요?

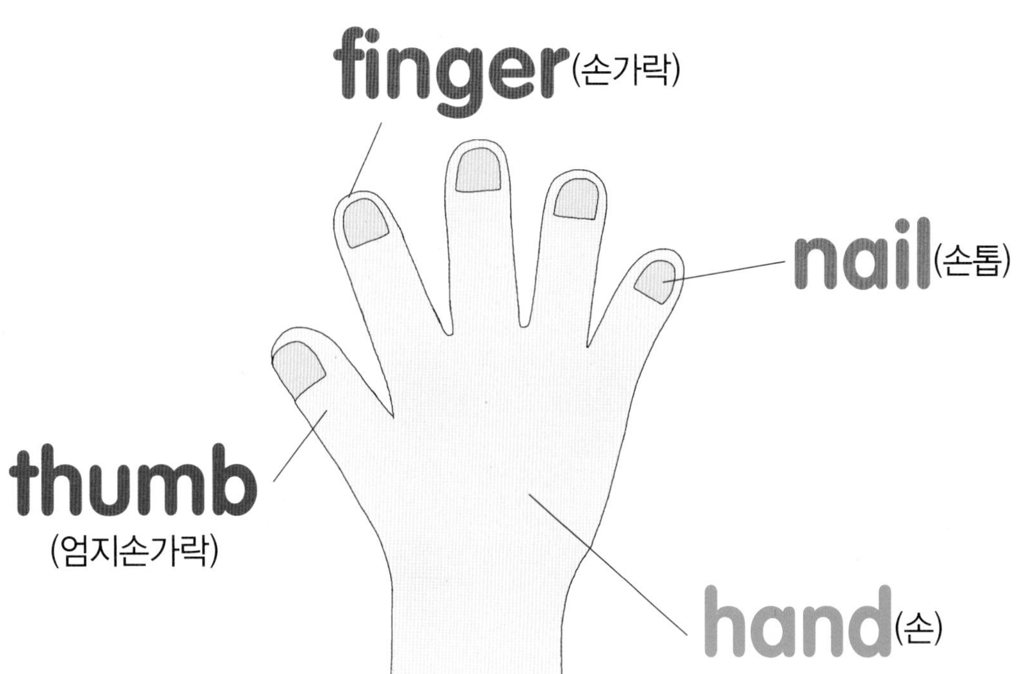

1주 1일
학습 끝!
붙임 딱지 붙여요.

left-handed, right-handed

주로 왼손을 쓰는 사람을 '왼손잡이'라고 하고, 주로 오른손을 쓰는 사람을 '오른손잡이'라고 해요. '왼손잡이'는 left-handed, '오른손잡이'는 right-handed라고 불러요.

rock-paper-scissors

손을 내밀어 그 모양에 따라 이기고 지는 '가위바위보'를 자주 하지요? 가위바위보는 영어로 rock-paper-scissors라고 해요.

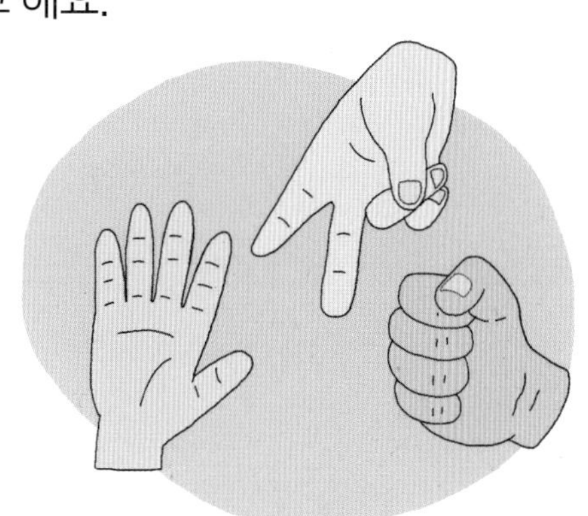

QR 찍고 발음 듣기

02 1주 민(民)이 들어간 낱말 찾기

공부한 날짜 월 일

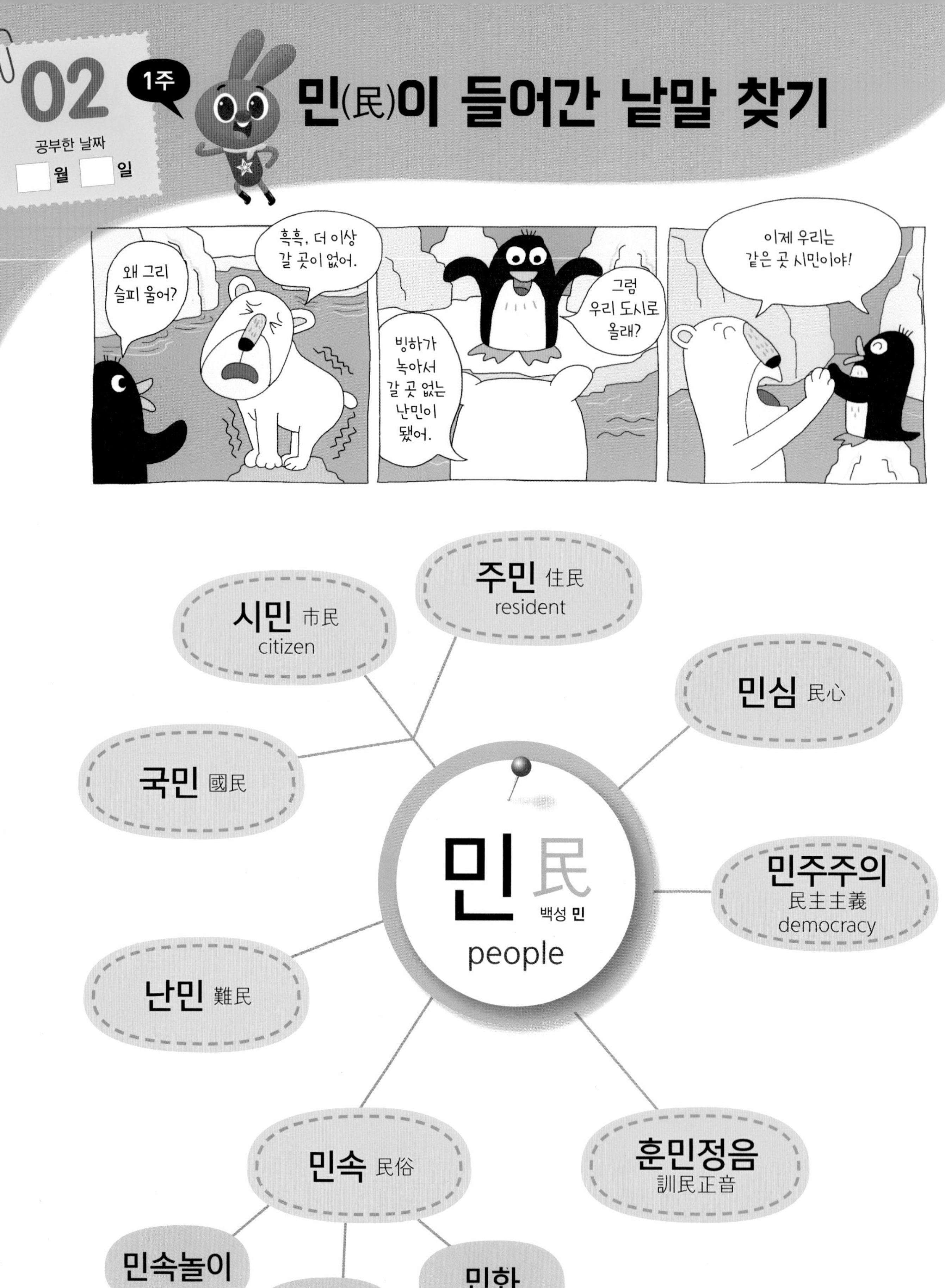

1 풍선이 날아가지 않게 풍선 끈에 조약돌을 묶어 두려고 해요. 설명에 어울리는 낱말이 적힌 조약돌을 찾아 선으로 이어 보세요.

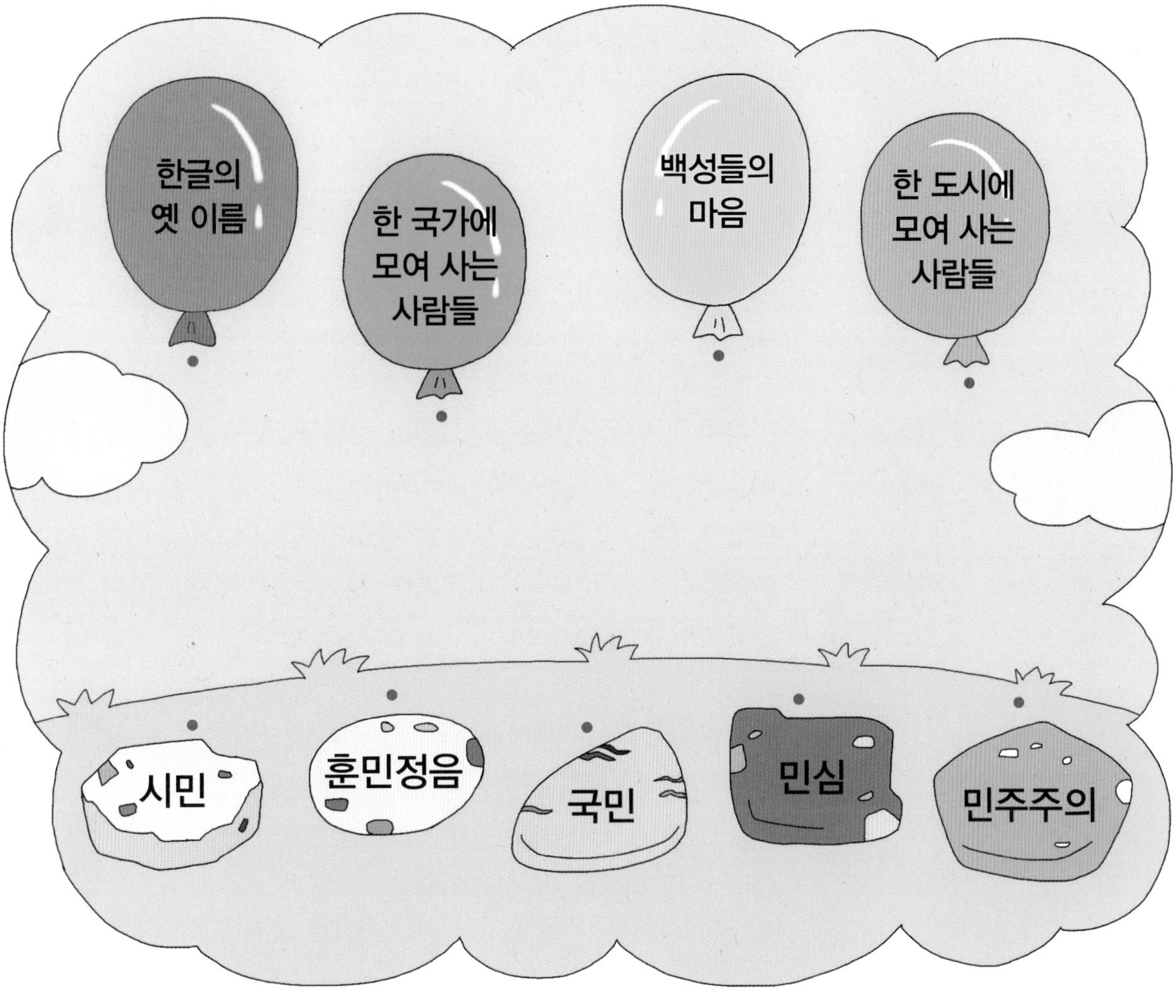

한글의 옛 이름

한 국가에 모여 사는 사람들

백성들의 마음

한 도시에 모여 사는 사람들

시민

훈민정음

국민

민심

민주주의

2 다음 중 '민속'에 해당하지 않는 것을 찾아 X 하세요.

민속놀이 민요 난민 민화

익숙한 말 살피기

국민/시민
國(나라 국) 民(백성 민)
市(저자 시)

국민은 한 나라(나라 국, 國)에 살고 있는 사람이에요. 우리는 대한민국 국민이지요. 이와 비슷하게, **시민**은 시(저자 시, 市)에 살고 있는 사람으로, 서울시에 사는 사람들을 '서울 시민'이라고 불러요. '주민'은 한 지역에 모여 사는 사람으로, 주로 지역 이름을 붙여서 '~마을 주민'이라고 불러요.

민심
民(백성 민) 心(마음 심)

민심은 백성(백성 민, 民)의 생각이나 마음(마음 심, 心)을 뜻해요. 백성은 왕이 나라를 다스리던 때에 국민을 일컫던 말이지요. 왕이나 정치인이 '민심을 얻는다.'라고 하면 국민이 원하는 것을 헤아려 국민이 좋아하게 한다는 뜻이에요.

민주주의
民(백성 민) 主(주인 주)
義(옳을 의)

민주주의는 국민(백성 민, 民)이 나라의 주인(주인 주, 主)이 되어 나라를 다스리는 거예요. 국민이 나랏일을 돌볼 사람을 직접 뽑고, 나랏일을 잘하고 있는지 살피며 고쳐 나가는 것이 민주주의이지요. 우리나라도 민주주의 국가여서, 우리나라의 주인은 국민, 바로 우리랍니다.

훈민정음
訓(가르칠 훈) 民(백성 민)
正(바를 정) 音(소리 음)

훈민정음은 '백성(백성 민, 民)을 가르치는(가르칠 훈, 訓) 바른(바를 정, 正) 소리(소리 음, 音)'라는 뜻으로, 세종 대왕이 우리글이 없어 어려움을 겪는 백성들을 위해 만든 한글의 옛 이름이에요.

민속
民(백성 민) 俗(풍속 속)

민속은 오랜 옛날부터 사람들 사이에서 이어져 온 생활 습관이나 문화예요. 명절에 하는 그네뛰기, 씨름 등은 '민속놀이'라고 하고, 오래전부터 전해 온 노래(노래 요, 謠)는 '민요', 백성들 사이에 전해 온 그림(그림 화, 畵)은 '민화'라고 해요.

난민
難(어려울 난) 民(백성 민)

난민은 전쟁이나 가난, 홍수, 태풍 등으로 큰 어려움(어려울 난, 難)을 겪는 사람들이에요. 난민들 중에는 피해가 너무 커서 자신이 살던 곳을 떠나 이곳저곳 떠도는 사람들도 많아요.

우리나라의 민속놀이

옛날부터 우리 조상들은 명절같이 즐거운 날이나 농사일같이 힘든 일을 한 뒤에 여러 가지 민속놀이를 즐겼어요. 어른들은 민속놀이를 하면서 고단함을 잊었고, 아이들은 민속놀이를 하면서 튼튼한 몸과 건강한 마음을 길렀지요. 우리나라의 민속놀이에는 무엇이 있는지 함께 알아보아요.

〈다양한 민속놀이〉

윷놀이 설날부터 대보름날까지 즐겼던 민속놀이예요. 두 편으로 나눠 윷가락 네 개를 던져 점수를 내요. 윷가락이 떨어진 모양에 따라 '도, 개, 걸, 윷, 모'라고 불렀는데, 각각 '돼지, 개, 양, 소, 말'을 가리켜요. 가축이 많이 생기기를 바라는 마음이 담겨 있어요.

연날리기 겨울철에 많이 한 놀이예요. 연은 대나무를 얇게 잘라 살을 만들고, 살 위에 종이를 붙여서 만들어요. 그리고 연에 실을 연결해 하늘 높이 띄우지요. 연을 누가 더 높이 띄우는지 겨루기도 하고, 서로 연줄을 끊는 연싸움을 벌이기도 해요.

널뛰기 설날, 단오, 추석 등에 여자들이 즐긴 민속놀이예요. 긴 널빤지 가운데에 두툼한 것을 괴어 중심을 잡고, 양쪽 끝에 한 사람씩 올라가 번갈아 뛰어오르는 놀이지요. 옛날에는 여자들이 함부로 외출하지 못해서 널뛰기를 하며 담장 밖을 구경했답니다.

강강술래 여자들 여럿이 손을 잡고 큰 동그라미를 그리며 도는 민속놀이로, 주로 추석날 밤에 했어요. 옛날에 일본이 우리나라를 쳐들어왔을 때 이순신 장군은 병사가 많아 보이게 하려고 밤에 모닥불 앞에서 강강술래를 하게 했다는 이야기가 전해져요.

1 빈칸에 알맞은 낱말을 아래에 있는 글자 띠에서 찾아 써 보세요.

① 민주주의에서 나라의 주인은 바로 ☐☐ 이에/예요.

② 전쟁을 피해 떠나온 ☐☐ 들에게 필요한 물건을 보내 주어요.

③ 우리 조상들은 힘든 일을 할 때 예부터 전해 오는 ☐☐ 을/를 함께 부르면서 기운을 냈어요.

글자 띠	민	속	민	요	민	국	민	주	난	민	훈

2 속뜻 짐작 아래에 섞여 있는 글자를 바르게 배열하여 설명에 알맞은 낱말을 만들어 보세요.

민정훈음 ➡ ☐☐☐☐

민이 ➡ ☐☐

가족이나 친구, 이웃 등 다양한 관계가 모이고 모이면 국민이 돼요.
국민을 이루는 기초 관계인 가족과 친구는 영어로 어떻게 말할까요?

family

family는 '가족'이에요. 가족은 주로 엄마와 아빠, 자녀로 이루어지지요. 그런데 가족을 더 넓게 보면 할머니와 할아버지, 사촌도 가족이에요. 우리는 모두 가족 중 한 사람으로 살아요.

friend

friend는 '친구'예요. 친구는 가깝게 오래 사귄 사람이지요. 사람들은 '가장 사이좋은 친구'를 말할 때 best friend라고 해요.

1주 2일 학습 끝!
붙임 딱지 붙여요.

classmate

classmate는 학교의 같은 반에서 공부하는 '반 친구'예요. '학급'을 뜻하는 class에 '친구'를 뜻하는 mate를 합해 만들어졌지요.

QR 찍고 발음 듣기

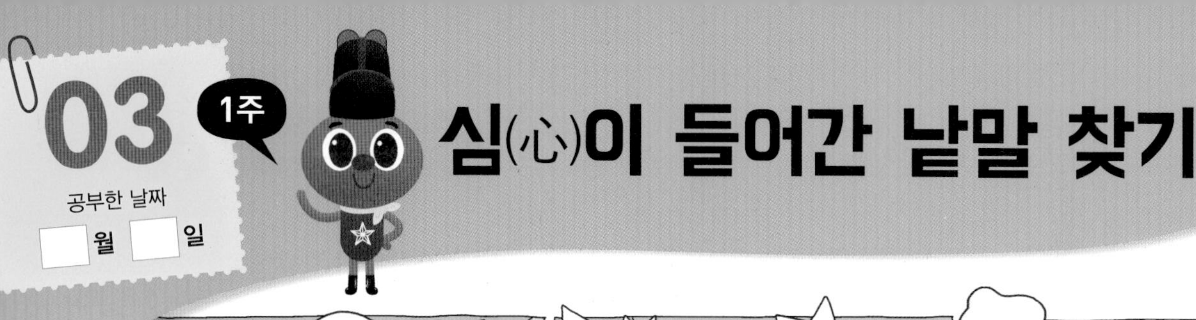

03 1주 심(心)이 들어간 낱말 찾기

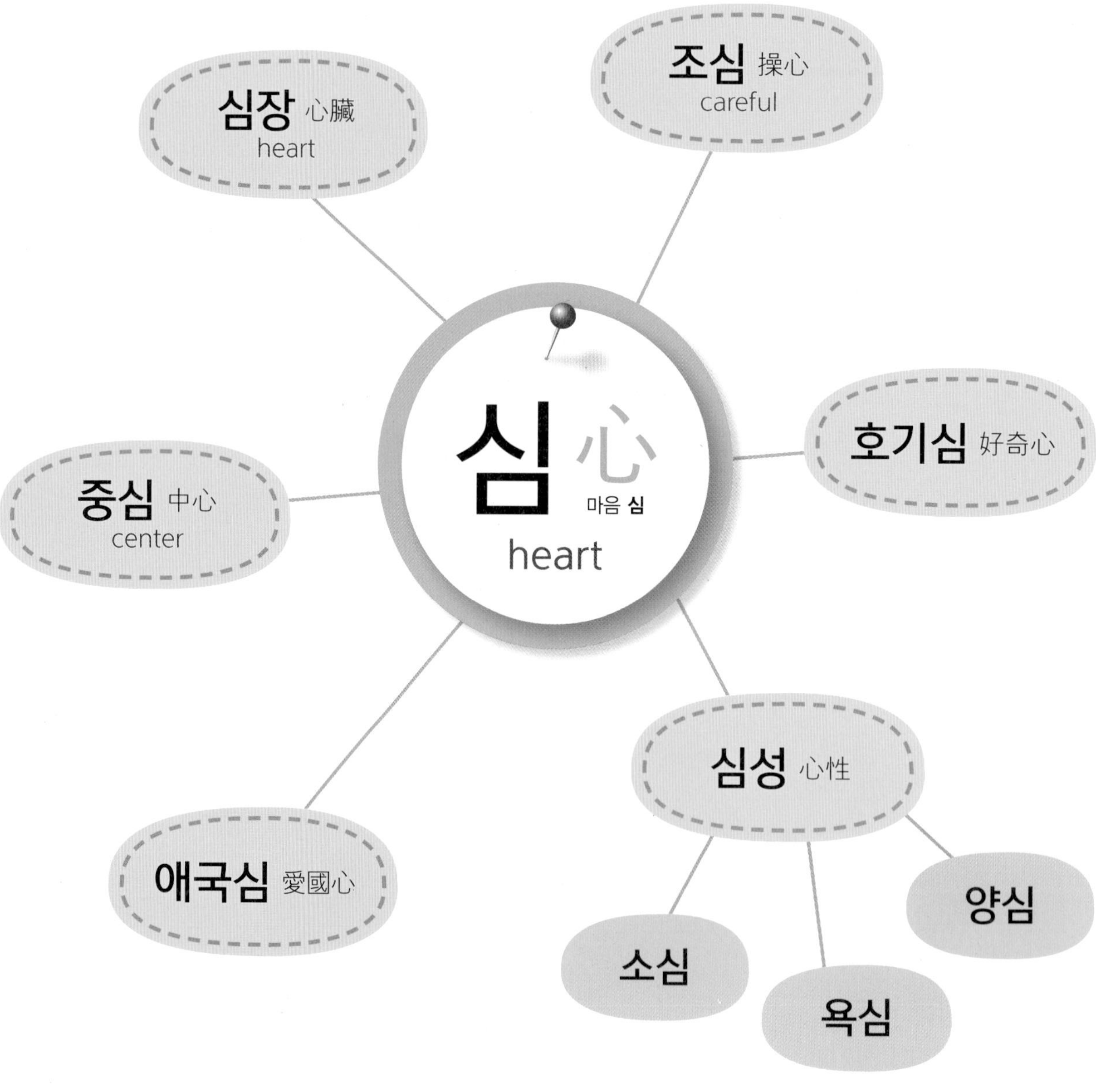

공부한 날짜
월 일

심 心 마음 심 heart

- 심장 心臟 heart
- 조심 操心 careful
- 호기심 好奇心
- 중심 中心 center
- 애국심 愛國心
- 심성 心性
  - 소심
  - 욕심
  - 양심

1 친구들이 마음속에 있는 생각들을 이야기하고 있어요. 친구들의 마음과 관련이 깊은 낱말을 붙임 딱지에서 찾아 붙여 보세요.

2 도형의 중심에 있는 빈칸에 '심' 자를 써 보세요.

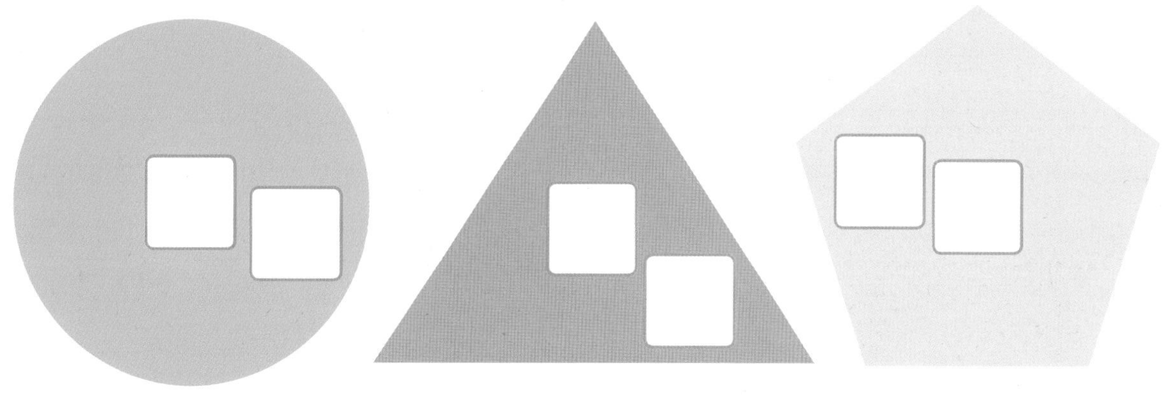

심장

心(마음 심) 臟(오장 장)

심장은 가슴 왼쪽에 있는 기관으로, 피를 몸 곳곳으로 보내는 일을 해요. 심장은 운동을 해도 빨리 뛰지만, 무섭거나 설레는 마음이 생겨도 빨리 뛰지요. 그래서 심장에 '마음 심(心)' 자가 들어가나 봐요.

조심

操(잡을 조) 心(마음 심)

조심은 말하거나 행동할 때 잘못을 하지 않도록 다잡는(잡을 조, 操) 마음이에요. 횡단보도를 건널 때 차가 오는지 살피지요? 이런 행동이 바로 조심하는 거예요. 이렇게 실수나 사고가 없도록 늘 마음을 쓰면 '조심성이 있다.'고 해요.

호기심

好(좋을 호) 奇(기이할 기) 心(마음 심)

호기심은 새롭고 신기한 것(기이할 기, 奇)을 좋아하는(좋을 호, 好) 마음이에요. 낯선 것을 보고 '이건 뭘까?', '왜 그럴까?' 궁금해하는 마음이 바로 호기심이지요. 호기심이 많으면 세상이 더 신비롭고 놀랍게 보인답니다.

심성

心(마음 심) 性(성품 성)

심성은 타고난 마음씨예요. 마음씨가 좋으면 '심성이 곱다.'고 하지요. 마음씨에도 각각 이름이 있는데, 옳고 그름을 판단하는 마음은 '양심', 탐내는 마음은 '욕심', 아주 작은(작을 소, 小) 일까지 신경 쓰는 마음은 '소심'이라고 해요.

애국심

愛(사랑 애) 國(나라 국) 心(마음 심)

애국심은 나라(나라 국, 國)를 사랑하는(사랑 애, 愛) 마음이에요. 애국심이 깊은 사람을 '애국자'라고 하지요. 일제 강점기에 나라를 위해 목숨을 바친 독립운동가들은 진정한 애국자들이에요.

중심

中(가운데 중) 心(마음 심)

중심은 물건이나 장소의 한가운데(가운데 중, 中) 또는 중요한 것이에요. 여기에서 '심(心)'은 마음이 아니라 '가운데'를 뜻하지요. 어떤 일이나 활동의 중심이 되는 곳은 '중심지'라고 하고, 어떤 물체의 한가운데를 지나는 선은 '중심선', 어떤 것의 가운데나 사건의 가장 중요한 점은 '중심점'이라고 해요.

타고난 마음씨, 심성

심성은 타고난 마음씨로, 살아가는 동안 쉽게 변하지 않아요. 마음씨가 착하면 '심성이 곱다.', 됨됨이가 바르면 '심성이 바르다.', 마음이 약하면 '심성이 약하다.'라고 하지요. 이처럼 심성에는 여러 가지 마음씨가 있어요. 우리가 가진 여러 가지 심성에 대해 살펴보아요.

〈여러 가지 심성〉

효심 효심은 부모님을 정성껏 모시고 위하는(효도 효, 孝) 마음(마음 심, 心)이에요. '효심이 지극하다.', '효심이 깊다.'처럼 쓸 수 있지요. 효심이 깊은 아들과 딸을 '효자', '효녀'라고 해요.

소심 소심은 조심성이 너무 많아서 작은 일도 크게 걱정하는 마음이에요. 작은 일에 깜짝깜짝 놀라고, 별일이 아닌데도 지나치게 걱정할 때, '소심하다.'라고 말한답니다.

욕심 욕심은 더 많이 가지려 하는 마음이에요. 두 친구가 사과 4개를 2개씩 나누었는데, 한 친구가 더 가지려고 하면 욕심이 많다고 하지요. 이렇게 욕심부리는 행동을 가리켜 '욕심스럽다.'라고 해요.

심술 심술은 옳지 않은데도 지나치게 고집을 부리거나, 남이 잘못되는 것을 좋아하는 마음이에요. 심술궂게 행동하는 것을 '심술 피우다.'라고 하고, 심술이 많은 사람을 '심술보'라고 불러요.

1 팻말의 빈칸에 알맞은 낱말을 찾아 선으로 이어 보세요.

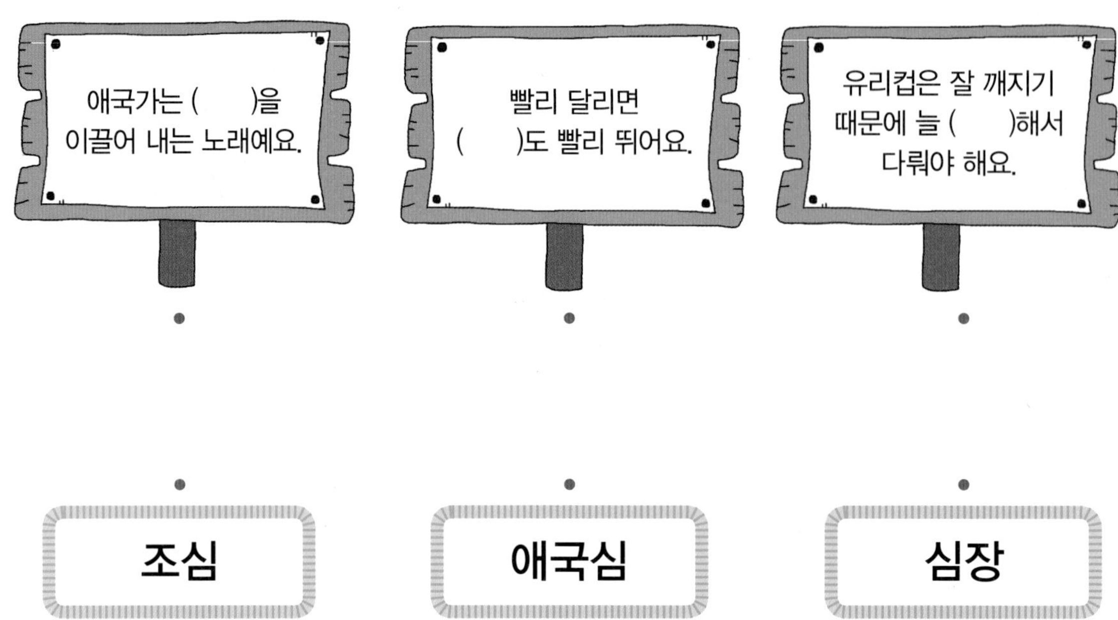

2 속뜻 짐작 어떤 마음에 대한 설명인지 붙임 딱지에서 찾아 붙여 보세요.

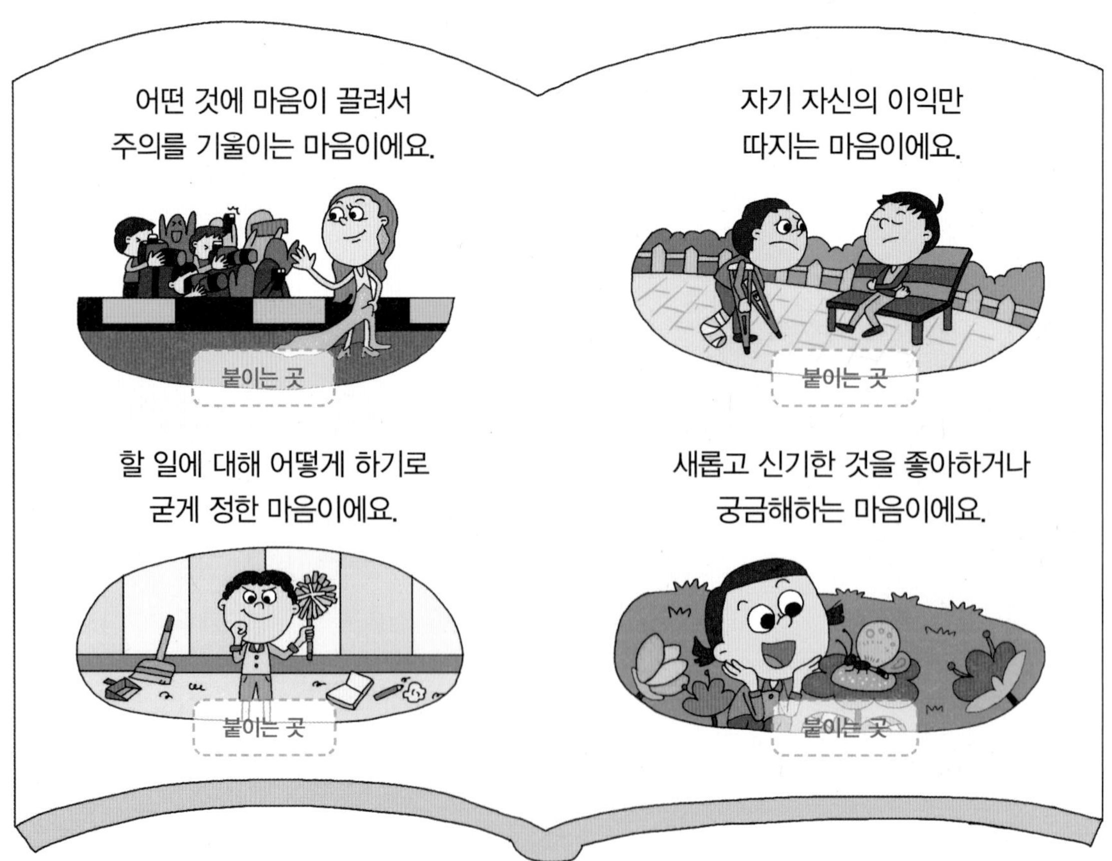

여러분은 다른 사람을 좋아해 본 적이 있나요?
무엇을 좋아할 때 설레고 기분 좋은 마음을 영어로 어떻게 말하는지 알아보아요.

love

love는 사랑하는 마음이에요. 다른 사람에게 사랑하는 마음을 표현하려면 'I love you.'라고 말해요. 'I love pizza.'는 '피자를 좋아하다 못해 사랑한다.'는 뜻이에요.

like

like는 좋아하는 마음이에요. love와 비슷하지만, love보다 조금 약한 느낌이지요. '나는 꽃을 좋아해.'라고 말하려면 'I like flowers.'라고 하면 돼요.

1주 3일
학습 끝!
붙임 딱지 붙여요.

hug

hug는 누군가를 두 팔로 감싸 안는 거예요. 사람들은 hug를 하면서 따뜻한 마음을 나누지요. 간혹 큰길에서 free hug를 하는 사람들이 있는데, free hug는 길거리에서 대가 없이 사람들을 안아 주며 따뜻한 마음을 전하는 거예요. free는 '자유' 또는 '무료'라는 뜻이에요.

QR 찍고 발음 듣기

1주 목(目)이 들어간 낱말 찾기

목 目 눈 목
eye

- **주목** 注目 attention
- **목례** 目禮 nod
- **목표** 目標 goal
- **품목** 品目 item
- **종목** 種目
- **과목** 科目 subject
- **목적지** 目的地
- **목차** 目次
- **목록** 目錄 list

 '목(目)' 자에는 주목같이 '눈'이라는 뜻도 있고, 목차나 과목처럼 '목록'이라는 뜻도 있어요.

1 설명하는 낱말들을 그림에서 찾아 색칠해 보세요. 무엇이 나타나나요?

① 목적으로 삼은 장소를 말해요.

② 관심을 가지고 주의 깊게 살피는 것이에요.

③ 책에서 각각의 제목과 쪽수 등을 차례대로 적어서 찾기 쉽게 만든 것이에요.

④ 배울 것을 내용에 따라 수학, 국어 등으로 나눈 것이에요.

⑤ 물건 종류의 이름을 말해요.

⑥ 무엇을 이루겠다고 결심한 것이에요.

⑦ 운동 경기 등을 여러 가지 종류에 따라 나눈 것이에요.

⑧ 눈짓으로 가볍게 하는 인사예요.

<table>
<tr><td colspan="2">목장</td><td>수목원</td><td>목감기</td><td>목젓</td><td colspan="2">목성</td></tr>
<tr><td rowspan="7">손목</td><td rowspan="7">식목일</td><td rowspan="7">목차</td><td rowspan="2">목적지</td><td rowspan="7">품목</td><td rowspan="7">목련</td><td rowspan="7">목마</td></tr>
<tr></tr>
<tr><td rowspan="2">목걸이</td></tr>
<tr></tr>
<tr><td rowspan="2">목표</td></tr>
<tr></tr>
<tr><td rowspan="2">목욕</td></tr>
<tr><td rowspan="7">목포</td><td rowspan="7">건널목</td><td rowspan="7">목례</td><td rowspan="7">종목</td><td rowspan="7">목재</td><td rowspan="7">발목</td></tr>
<tr><td rowspan="2">주목</td></tr>
<tr></tr>
<tr><td rowspan="2">목수</td></tr>
<tr></tr>
<tr><td rowspan="2">과목</td></tr>
<tr></tr>
<tr><td colspan="2">목장갑</td><td>목사</td><td>목요일</td><td>목구멍</td><td colspan="2">목숨</td></tr>
</table>

주목
注(물 댈 주) 目(눈 목)

주목은 어떤 것에 관심을 가지고 주의 깊게 살피는 것을 뜻해요. '주목을 끌다.', '주목을 받다.' 등으로 쓰이지요. 때로 말하는 사람이 '주목!'이라고 외치면, 모두 자신을 보라는 뜻이에요.

목례
目(눈 목) 禮(예도 례/예)

혹시 목례를 목을 숙이는 인사라고 생각했나요? **목례**는 눈(눈 목, 目)을 맞추며 가볍게 나누는 인사예요. 큰 소리로 인사하기 어렵거나 하루에도 여러 번 만나 인사를 계속하기 곤란할 때 목례를 해요.

목표
目(눈 목) 標(표할 표)

목표는 이루고 싶거나 되고 싶은 것이에요. 멀리 세워 놓은 표지판과 같지요. '농구 선수가 될 거야.'라고 말하는 친구는 농구 선수가 목표예요. 그리고 그 목표를 이루면 '이룰 성(成)' 자를 써서 목표를 '달성'했다고 말해요.

목적지
目(눈 목) 的(과녁 적) 地(땅 지)

'목적'은 양궁 선수가 맞혀야 할 과녁처럼 꼭 이루고 싶은 일이나 방향을 말해요. **목적지**는 원하는 바를 이루기 위해 가야 할 곳을 뜻하지요. '목적지에 도달하다.'처럼 써요.

목록/목차
目(눈 목) 錄(기록할 록) 次(버금 차)

'목(目)' 자에는 '눈'이라는 뜻 외에 '목록, 항목'이라는 뜻이 있어요. **목록**은 물건의 이름 등을 순서에 따라 적은 것이지요. 또한 **목차**는 책 앞부분에 책의 각 부분의 제목들을 순서대로 적어 놓은 것이에요. 목차를 보면 책 내용을 짐작할 수 있고 원하는 부분을 쉽게 찾을 수 있어요.

과목/종목
科(과목 과) 目(눈 목) 種(씨 종)

과목은 수학, 과학처럼 지식을 내용에 따라 나누어 놓은 것이고, **종목**은 올림픽 경기 종목처럼 무언가를 종류(씨 종, 種)에 따라 나눈 것이에요. 또한 '품목'은 물건(물건 품, 品)의 이름을 적어 놓은 목록으로, '기내 반입 금지 품목'이라고 하면 비행기에 가지고 타면 안 되는 물건을 적어 놓은 것이에요.

목표와 목적

내가 하고 싶고, 되고 싶은 것을 '목표'라고 해요. 목표와 비슷하게 쓰이는 말로 '목적'이 있지요. 목표와 목적은 비슷한 듯하지만 차이가 있어요.

한 아이가 '타임머신을 발명하겠어.' 하고 마음먹으면 이것은 목표예요. 하고 싶고 이루고 싶은 일이니까요. 그런데 아이가 어제 강아지를 잃어버려서 '타임머신을 발명해 어제로 돌아가 강아지를 잃어버리지 않을 거야.'라고 하면, 아이의 목적은 '강아지를 잃어버리지 않는 것'이고, 목표는 '타임머신을 발명해 어제로 돌아가는 것'이에요. 이렇듯 목적은 진짜 원하는 것이고, 목표는 목적을 이루기 위해 할 일이에요. 다음 이야기에서 목표와 목적을 구분해 보세요.

속뜻 짐작 능력 테스트

1 (　　) 안의 두 낱말 중 그림에 알맞은 것에 ○ 하세요.

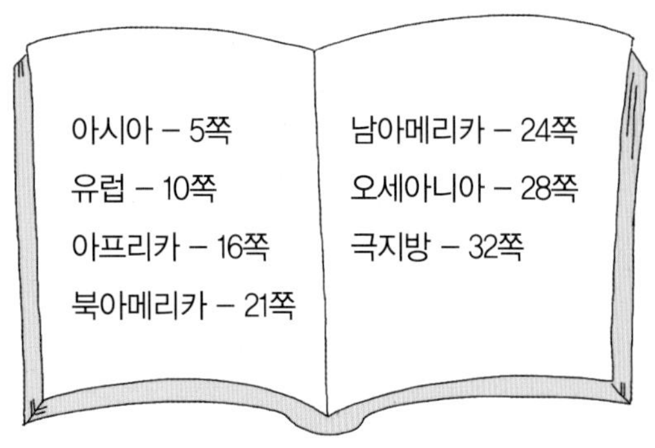

① 책의 **(목차 / 종목)**을/를 보니,
32쪽을 펴면 극지방에 대해 나와.

② 연예인은 어디를 가든 사람들의
(주목 / 목례)을/를 받아요.

2 필요 없는 글자에 X 표를 하여, 문장을 완성해 보세요.

내비게이션에 가야 할 [품][목][표][적][지] 을/를 입력해 봐.

3 속뜻 짐작 빈칸에 알맞은 낱말을 초성 힌트를 참고하여 써 보세요.

학교에서는 국어, 수학, 사회, 과학, 음악 등 여러 과목을 공부해요. 다양한 과목의 이름을 영어로 배워 볼까요?

math

math는 mathematics를 줄인 말로, '수학'이에요. 수의 성질과 계산법, 다양한 문제를 푸는 방법 등을 배워요.

science

science는 '과학'이에요. 자연에 숨어 있는 진리나 법칙 등을 배워요.

social studies

social studies는 '사회'예요. 사회의 다양한 모습과 규칙 등을 배워요.

art

art는 '미술'이에요. 그리기와 만들기를 비롯해 다양한 표현 방법을 공부해요.

1주 4일 학습 끝!

붙임 딱지 붙여요.

music

music은 '음악'이에요. 노래와 악기 연주법, 음악 감상법 등을 배워요.

physical education

physical education은 '체육'이에요. 몸을 튼튼하게 하는 데 필요한 것들을 익혀요. 줄여서 P.E.라고도 해요.

QR 찍고 발음 듣기

교(校)가 들어간 낱말 찾기

등산이 산을 오르는 거면, 등교는 학교를 오르는 거겠네?

응? 이게 아니야?

어휴, 아니야. 빨리 내려와!

아이참, 등교는 저렇게 학교에 가면 되는 거야!

초등학교

교 校
학교 교
school

학교 學校
- 고등학교
- 대학교
- 중학교
- 초등학교

등교 登校

하교 下校

교복 校服
school uniform

교가 校歌

교문 校門
school gate

교정 校庭

전교 全校

개교기념일
開校紀念日

1 짝을 정하려고 해요. 왼쪽 친구가 묻는 말에 바르게 답한 친구를 선으로 이어서 짝을 지어 주세요.

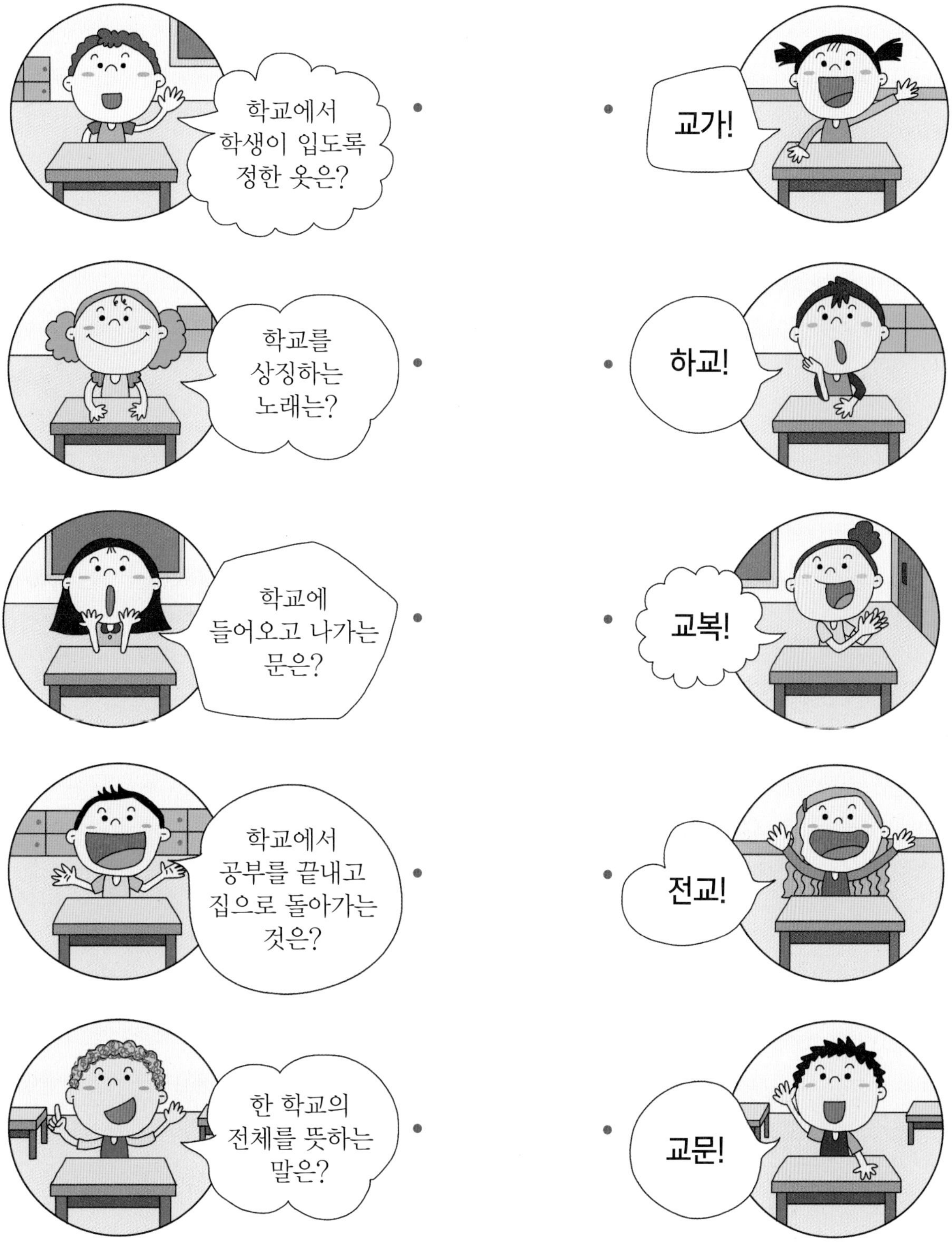

학교에서 학생이 입도록 정한 옷은?	• •	교가!
학교를 상징하는 노래는?	• •	하교!
학교에 들어오고 나가는 문은?	• •	교복!
학교에서 공부를 끝내고 집으로 돌아가는 것은?	• •	전교!
한 학교의 전체를 뜻하는 말은?	• •	교문!

학교

學(배울 학) 校(학교 교)

학교는 여러 지식과 예절 등을 배우는(배울 학, 學) 곳이에요. 우리나라에서 학교는 '초등학교', '중학교', '고등학교', '대학교'로 나뉘어요. 처음(처음 초, 初) 다니는 초등학교는 6년, 중 · 고등학교는 각각 3년, 대학교는 2~6년 동안 다녀요.

등교/하교

登(오를 등) 校(학교 교)
下(아래 하)

등교는 학생이 학교에 가는 거예요. 반대로 수업을 끝내고 집으로 가는 것은 **하교**라고 하지요. '등(登)' 자는 '오르다'라는 뜻과 '나가다'라는 뜻이 있어요. '등교'에서는 나간다는 뜻으로 쓰였어요.

교복

校(학교 교) 服(옷 복)

교복은 학교에서 학생들에게 입으라고 정해 준 옷(옷 복, 服)이에요. 교복을 입으면 학생답게 행동한다고 여겨 입게 하지요. 이와 비슷하게 유치원에서 정한 옷은 '원복'이라고 하고, 단체에서 정한 옷은 '단복'이라고 해요.

교가/교문

校(학교 교) 歌(노래 가)
門(문 문)

교가는 학교를 상징하는 노래예요. 학교 행사가 있을 때면 모든 학생들이 한목소리로 교가를 부르곤 하지요. **교문**은 학교에 들어가고 나오는 문으로, 앞쪽에 난 '정문'과 옆이나 뒤쪽에 난 '후문'이 있어요. '교정'은 학교 운동장이나 학교 안을 말해요.

전교

全(온전할 전) 校(학교 교)

전교는 한 학교 전체를 말해요. '전교 학생회장'은 전체 학생을 대표하는 회장이고, '전교 1등'은 학교 전체에서 1등을 한 것이지요. 한 학교의 전체 학생은 '전교생'이라고 해요.

개교기념일

開(열 개) 校(학교 교) 紀(벼리 기)
念(생각 념) 日(날 일)

개교기념일은 학교가 문을 연(열 개, 開) 것을 기념하는 날이에요. 학교는 개교기념일을 휴일로 정해서 쉬기도 하고, 축제 같은 큰 행사를 열기도 해요. 학교마다 문을 연 날이 달라서 개교기념일도 학교마다 달라요.

함께하는 학교생활

학교에서는 여럿이 함께 공부하고 밥 먹고 쉬면서 많은 시간을 보내요. 학교에서 모두가 즐겁고 안전하게 생활하려면 규칙과 예절을 지켜야 하지요. 학교에서 지켜야 할 규칙과 예절을 알아볼까요?

〈학교에서 지켜야 할 규칙과 예절〉

교실에서는 뛰지 않아요. 물건들이 많아서 뛰어다니면 다칠 수 있어요.

도서실에서는 친구들에게 방해가 되지 않게 조용히 책을 읽어요.

화장실에서는 차례차례 줄을 서서 기다려요.

복도에서는 다른 친구들과 부딪히지 않게 오른쪽으로 걸어 다녀요.

급식은 앉아서 먹고, 말을 하고 싶을 때는 음식을 다 먹고 얘기해요.

1 그림을 잘 보고, 빈칸에 알맞은 글자를 보기에서 찾아 써 보세요.

2 속뜻 짐작 누구의 그림자일까요? 그림자 주인이 설명에 맞는 낱말을 말하고 있어요. 그림자 주인을 찾아 ○ 하세요.

학교에는 교실, 복도, 운동장 등 많은 장소가 있어요.
학교 곳곳을 영어로는 어떻게 부르는지 알아보아요.

classroom

classroom은 수업을 하는 '교실'이에요. '한 반'을 뜻하는 class에 '방'을 뜻하는 room을 더해 만들어졌지요. '반장'이나 '회장'은 대표를 뜻하는 leader를 붙여서 classroom leader라고 해요.

corridor

corridor는 '복도'예요. 학교나 건물에 있는 긴 통로를 말하지요. 같은 뜻을 가진 단어로 hall이 있어요.

1주 5일
학습 끝!
붙임 딱지 붙여요.

playground

playground는 '운동장'이에요. '학교 운동장'은 schoolyard라고 해요.

QR 찍고 발음 듣기

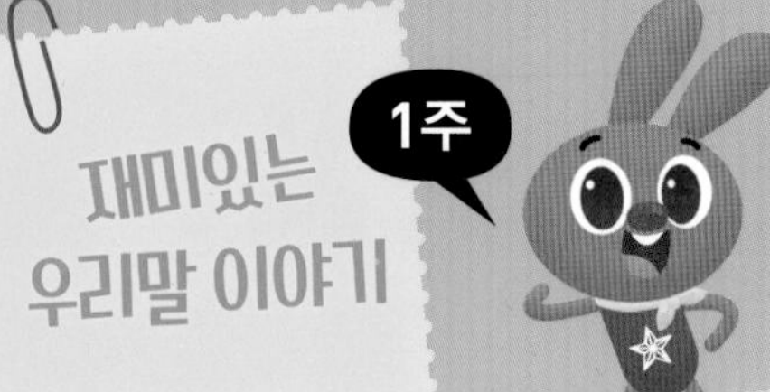

재미있는
우리말 이야기
1주

딱하게 된 '낭패'

낭과 패는 전설에 나오는 동물이에요.
낭
패

낭은 용감했고, 패는 지혜로웠지요.
크와앙!

그런데 낭은 뒷다리가,
패는 앞다리가 많이 짧았어요.
이, 이게 뭐야!
뒤뚱
뒤뚱

너는 뒷다리가, 나는 앞다리가 짧으니
우리 둘이 마음을 합치면
그야말로 찰떡궁합일 거야.
그러니 항상 의지하고 도우며 살자!
좋아!

낭패(이리 낭 狼, 이리 패 狽): 계획한 일이 실패하거나 기대에 어긋나 매우 딱하게 된 것을 말해요.

한(韓)이 들어간 낱말 찾기

한 韓 나라 이름 한

- 대한민국 大韓民國 Republic of Korea
- 한민족 韓民族
- 한류 韓流 Korean wave
- 한의원 韓醫院
- 한옥 韓屋
- 한반도 韓半島
  - 남한
  - 북한
- 한복 韓服
- 한식 韓食 Korean food

1 보물을 찾아 떠난 탐험가가 미로를 만났어요. 팻말에 적힌 문제를 읽고, 빈칸에 알맞은 글자를 쓰면서 미로를 빠져나가 보세요.

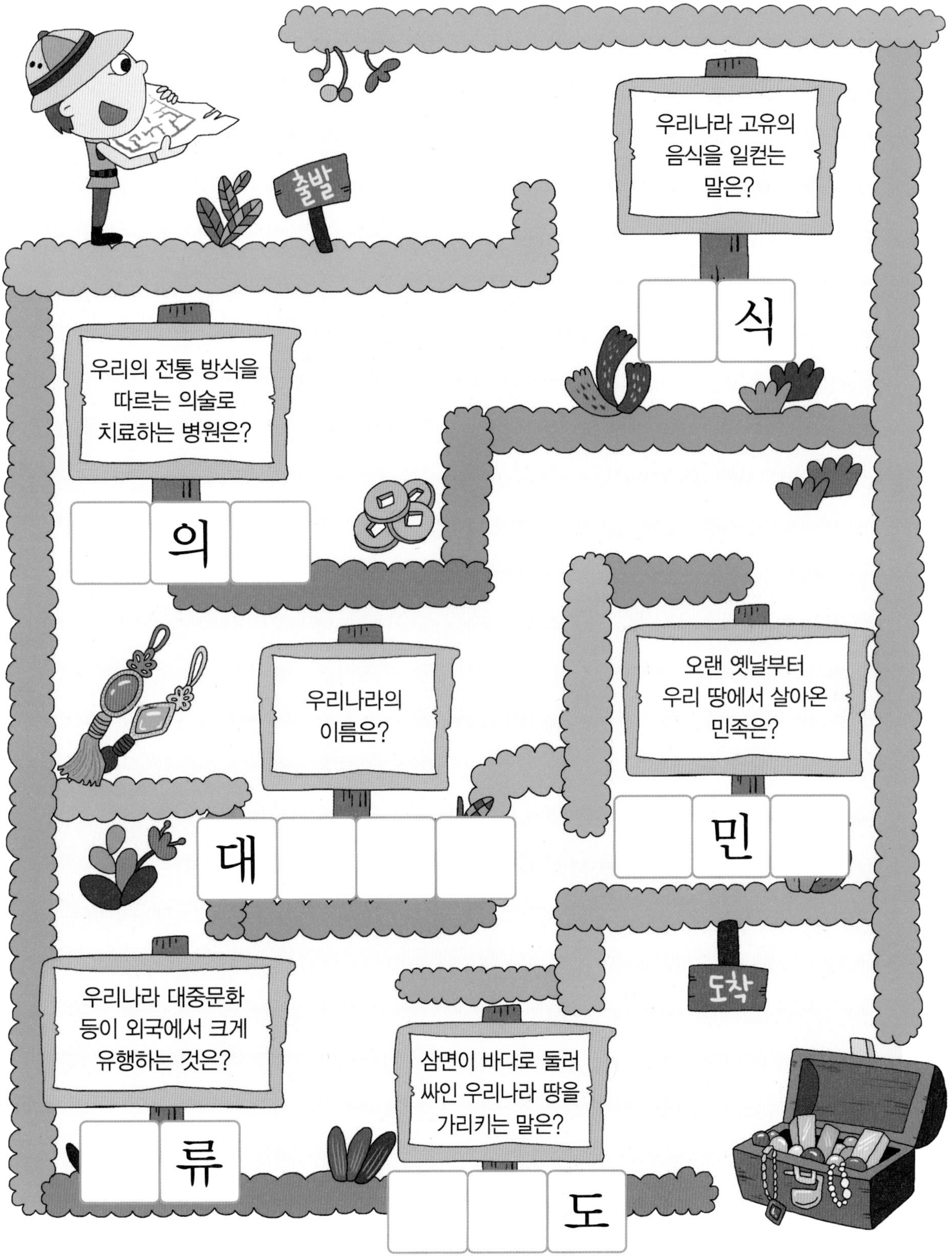

출발

우리의 전통 방식을 따르는 의술로 치료하는 병원은?

( ) 의 ( )

우리나라 고유의 음식을 일컫는 말은?

( ) 식

우리나라의 이름은?

대 ( ) ( ) ( )

오랜 옛날부터 우리 땅에서 살아온 민족은?

( ) 민 ( )

우리나라 대중문화 등이 외국에서 크게 유행하는 것은?

( ) 류

삼면이 바다로 둘러 싸인 우리나라 땅을 가리키는 말은?

( ) ( ) 도

도착

대한민국

大(큰 대) 韓(나라 이름 한) 民(백성 민) 國(나라 국)

대한민국은 우리나라 이름으로, '한국' 또는 '남한'과 같아요. 우리 민족은 옛날부터 '대한'이라는 말을 많이 썼어요. 조선 말에는 나라 이름을 '대한 제국'으로 바꾸었고, 일제 강점기에는 '대한민국 임시 정부'를 세웠지요. 해방 후에는 '대한민국'을 나라 이름으로 정했답니다.

한민족

韓(나라 이름 한) 民(백성 민) 族(겨레 족)

한민족은 옛날부터 우리 땅에서 살아온 우리 민족을 가리켜요. '민족'은 같은 지역에서 함께 살아온 사람들로, 같은 말과 글을 쓰고 같은 문화와 역사를 가졌지요. 한민족의 '한(나라 이름 한 韓)' 자는 우리 민족을 표현하는 한자예요.

한류

韓(나라 이름 한) 流(흐를 류/유)

한류는 우리나라에서 유행하는 노래나 드라마, 영화 등이 외국으로 흘러 나가(흐를 류/유, 流) 많은 사랑을 받는 것이에요. 한류 덕분에 외국인들이 한글이나 한국 음식 등 우리 문화에 많은 관심을 갖게 되었어요.

한옥/한복

韓(나라 이름 한) 屋(집 옥) 服(옷 복)

한옥은 기와집이나 초가집처럼 우리 고유의 방식으로 지은 집이고, **한복**은 우리 민족이 오랫동안 입어 왔던 전통 옷이에요. 또한 '한식'은 우리 고유의 음식으로, 김치, 된장, 비빔밥 등이 모두 한식이에요.

한반도

韓(나라 이름 한) 半(절반 반) 島(섬 도)

한반도는 우리나라 땅을 일컬어요. '반도'는 반(절반 반, 半)만 섬(섬 도, 島)인 땅으로, 우리나라는 삼면이 바다로 싸이고 한 면은 육지와 이어진 반도예요. 그래서 '한(韓)' 자를 붙여 '한반도'라고 해요.

한의원

韓(나라 이름 한) 醫(의원 의) 院(집 원)

'한의학'은 중국에서 전해진 치료법을 우리 민족에 맞게 발달시킨 치료법이에요. 이 치료법으로 환자를 고치는 곳을 **한의원**이라고 하지요. 우리의 전통 방식을 따르고 있기 때문에 의사나 약 앞에 모두 '한(韓)' 자를 붙여서 '한의사', '한약'이라고 불러요.

우리 민족의 음식, 집, 옷

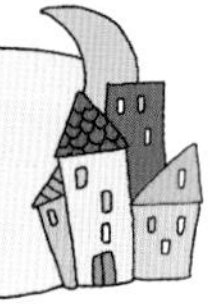

우리 민족은 아주 오래전부터 한반도에 살며 우리만의 특별한 문화를 만들었어요. 우리만의 방법으로 음식을 만들어 먹고, 집을 지으며, 옷을 만들어 입었지요. 그렇게 만들어진 것이 바로 '한식', '한옥', '한복'이에요. 우리만의 멋과 지혜가 깃든 한식, 한옥, 한복에 대해 알아보아요.

한식 한식은 우리의 음식이에요. 우리 민족은 밥과 함께 여러 가지 반찬을 곁들여 먹어요. 그래서 영양분을 골고루 섭취할 수 있지요. 한식은 자연에 가까운 재료를 쓰며, 음식의 종류가 다양해요. 대표적인 한식으로 김치, 불고기, 잡채, 비빔밥 등이 있어요.

한옥 한옥은 우리의 전통 집이에요. 황토, 나무, 돌, 종이, 볏짚 등 자연에서 구한 재료로 짓기 때문에 건강한 환경을 제공해요. 한옥에는 방바닥 돌을 데워 집 안을 따뜻하게 하는 온돌 장치가 있어요. 온돌은 우리가 사는 아파트나 주택에도 사용되고 있지요. 또한 마루는 땅바닥에서 띄우고, 앞뒤를 뻥 뚫어서 바람이 잘 통해요.

한복 한복은 우리의 전통 옷이에요. 자연 재료를 이용하여 옷감을 만들고 색을 내요. 또한 옷의 선이 아름답고 품이 넉넉해 활동하기도 편하지요. 옛날에는 남자와 여자, 어른과 아이, 양반과 평민 등에 따라 모양이나 색이 달랐어요. 하지만 오늘날에는 명절 때나 결혼식 등 예의를 차릴 때 차려 입어요.

1 신문 기사의 제목에 들어갈 낱말을 찾아 ○ 하세요.

2 속뜻 짐작 초성 힌트를 참고하여 빈칸에 들어갈 낱말을 써 보세요.

우리나라 방식으로 만든 종이를
ㅎ ㅈ (이)라고 해요.

우리나라 방식으로 만든 집을
ㅎ ㅇ (이)라고 해요.

우리나라에서 자란 소를
ㅎ ㅇ (이)라고 해요.

우리나라는 영토가 작지만, 세계 경제와 문화를 이끄는 훌륭한 나라예요.
우리나라는 무엇으로 유명한지 알아볼까요?

Korean Peninsula(한반도)

North Korea

'북한'의 공식 이름으로 Democratic People's Republic of Korea(DPRK)와 같아요.

Korean food

Korean food는 '한식'을 뜻해요. 김치, 불고기, 비빔밥 등은 한국 고유의 음식으로 세계에 널리 알려져 있어요.

Korean wave

Korean wave는 한국 대중문화에 열광하는 '한류'예요. 한국 대중음악인 K-pop과 한국 드라마 등 한국의 다양한 문화 콘텐츠들이 세계 곳곳에서 사랑받고 있어요.

South Korea

'남한'의 공식 이름으로 Republic of Korea(ROK)와 같아요.

IT

IT는 정보를 주고받는 '정보 통신 기술'인 information technology를 줄인 말이에요. 한국은 IT 기술이 뛰어나서 관련 상품을 세계에 수출하고 있어요.

2주 1일 학습 끝!
붙임 딱지 붙여요.

2주

국(國)이 들어간 낱말 찾기

나, 다음 주에 미국 간다~!

우아, 나도 외국 가고 싶어.

외국이 아니고 미국 간다잖아.

그러니까 외국~.

아니, 얘는 미국 간다니까!

아이참, 미국도 외국이야.

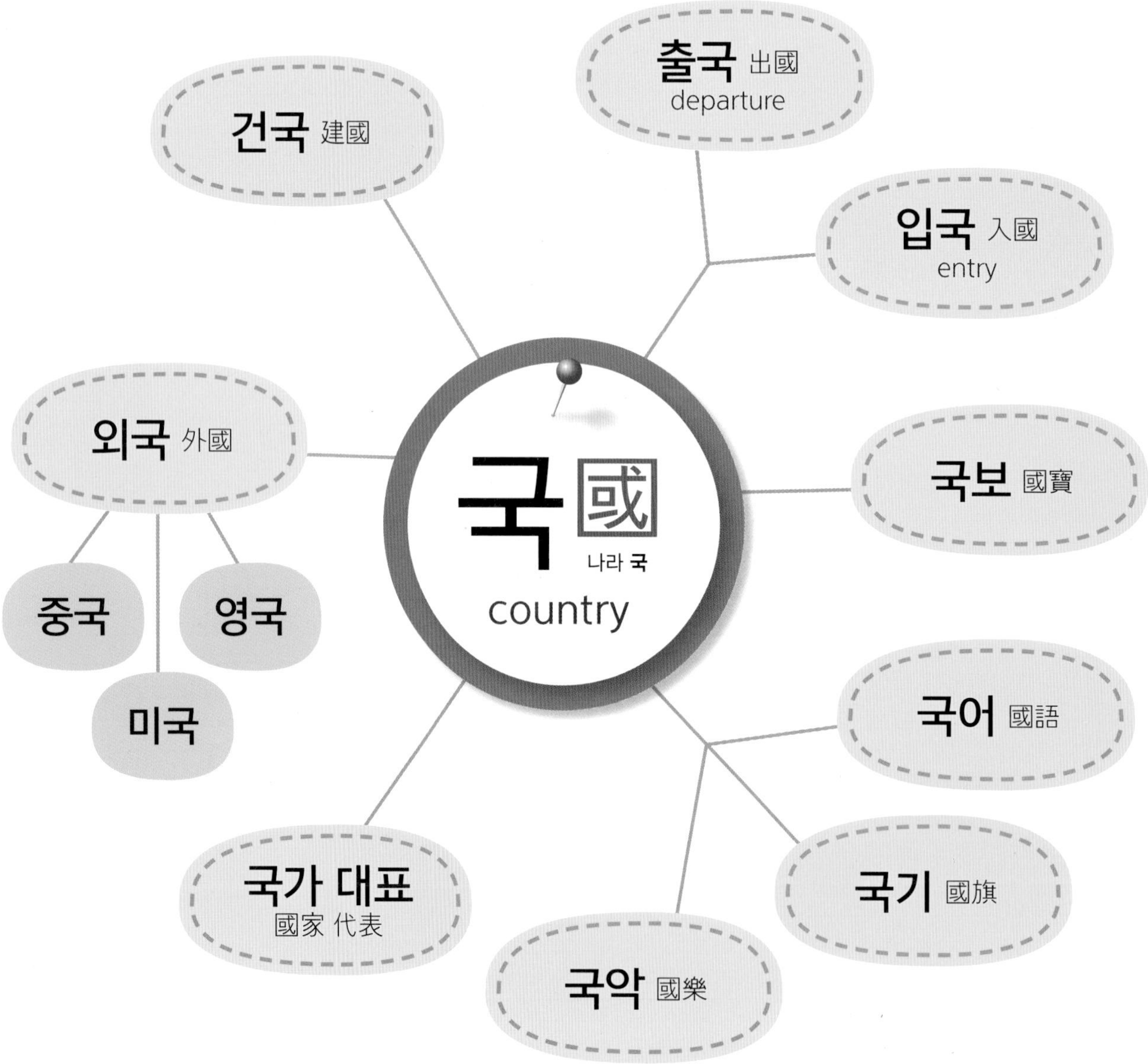

국 國 나라 국
country

- 출국 出國 departure
- 입국 入國 entry
- 건국 建國
- 외국 外國
  - 중국
  - 영국
  - 미국
- 국보 國寶
- 국어 國語
- 국기 國旗
- 국악 國樂
- 국가 대표 國家 代表

1 우리 땅에 나라를 처음 세운 사람은 누구일까요? 쪽지에 적힌 글을 읽고, 바른 내용이면 파란색 화살표를, 잘못된 내용이면 빨간색 화살표를 따라가서 우리 민족 최초의 임금을 만나 보세요.

출발

'국보'는 나라의 중요한 보물이에요.

나라를 슬기롭게 다스리는 것을 '건국'이라고 해요.

'외국'은 크고 힘이 강한 나라를 뜻해요.

'국악'은 중국의 전통 음악이에요.

'국가 대표'는 한 나라를 대표하는 사람이에요.

'출국'은 다른 나라에서 자기 나라로 들어가는 거예요.

'미국'은 우리나라 북쪽에 있는 나라예요.

'국어'는 한 나라의 국민이 사용하는 나라말이에요.

'국기'는 한 나라를 나타내는 깃발이에요.

옥황상제

단군

이순신

건국
建(세울 건) 國(나라 국)

건국은 나라(나라 국, 國)를 세우는(세울 건, 建) 것이에요. 우리 땅에 처음 들어선 나라는 고조선으로, 단군이 건국했지요. 단군은 하늘에서 내려온 환웅과 곰에서 여자로 변한 웅녀 사이에서 태어났다고 전해요. 이처럼 건국과 관련된 이야기를 '건국 신화'라고 해요.

출국/입국
出(날 출) 國(나라 국) 入(들 입)

출국은 나라 밖으로 나가는(날 출, 出) 것이고, **입국**은 나라 안으로 들어가는(들 입, 入) 거예요. 출국과 입국을 합쳐서 '출입국'이라고 하지요. 공항에 가면 출국하는 사람들과 입국하는 사람들을 많이 볼 수 있어요.

국보
國(나라 국) 寶(보배 보)

국보는 나라의 보배(보배 보, 寶)예요. 보배는 아주 귀하고 소중한 것으로, '보물'과 비슷한말이지요. 우리나라의 국보 제1호는 조선 시대에 세운 숭례문(남대문)이에요.

국어/국기
國(나라 국) 語(말씀 어) 旗(기 기)

국어는 한 나라의 국민이 쓰는 나라말(말씀 어, 語)로, 우리나라의 국어는 한국어예요. 또한 **국기**는 나라를 나타내는 깃발(기 기, 旗)로, 우리나라 국기는 태극기예요. '국악'은 나라의 고유한 음악으로, 우리의 전통 음악도 국악이라고 불러요.

국가 대표
國(나라 국) 家(집 가) 代(대신할 대) 表(겉 표)

국가 대표는 한 나라를 대표하는 사람이에요. 주로 기술이 뛰어나거나 운동을 잘하는 사람이 대표로 뽑혀 다른 나라 사람들과 실력을 겨루지요. 김연아 선수는 피겨 스케이팅 국가 대표 선수였어요.

외국
外(바깥 외) 國(나라 국)

외국은 자기 나라의 바깥(바깥 외, 外)에 있는 나라예요. 우리에게 외국은 미국, 중국, 영국, 일본, 베트남 등이지요. 다른 나라 사람(사람 인, 人)은 '외국인', 다른 나라 말(말씀 어, 語)은 '외국어', 다른 나라에서 만든 물건은 '외국산'이라고 해요.

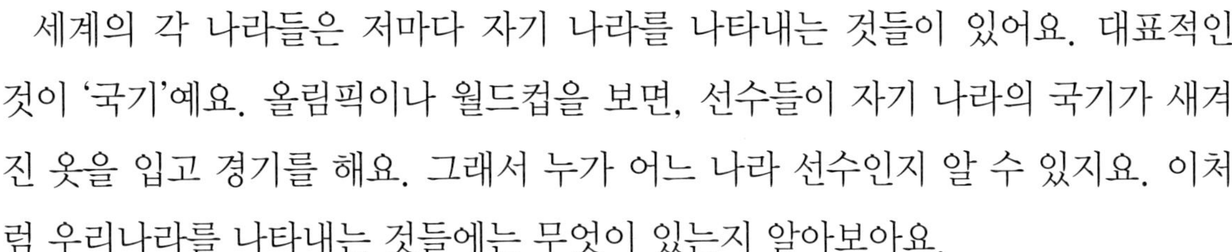

우리나라의 상징

세계의 각 나라들은 저마다 자기 나라를 나타내는 것들이 있어요. 대표적인 것이 '국기'예요. 올림픽이나 월드컵을 보면, 선수들이 자기 나라의 국기가 새겨진 옷을 입고 경기를 해요. 그래서 누가 어느 나라 선수인지 알 수 있지요. 이처럼 우리나라를 나타내는 것들에는 무엇이 있는지 알아보아요.

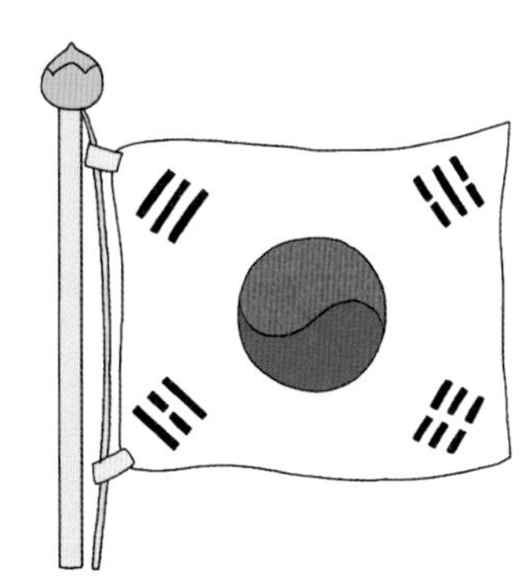

태극기

태극기는 우리나라의 국기예요. 태극기를 살펴보면, 가운데에 '태극무늬'가 있고, 모서리에는 '괘'라고 부르는 네 개의 검은 무늬가 있어요. 태극무늬는 모든 것이 어울려 살아간다는 뜻을 담고 있고, 4괘는 각각 하늘, 땅, 물, 불을 나타내지요. 흰 바탕은 평화를 사랑하는 우리 민족을 표현해요.

애국가

한 나라를 나타내는 노래(노래 가, 歌)를 '국가'라고 해요. 우리나라의 국가는 애국가로, '나라를 사랑하는(사랑 애, 愛) 노래'라는 뜻을 담고 있지요. 애국가는 행사가 있을 때 함께 부르거나, 세계 대회에서 우리 선수들이 우승했을 때 울려 퍼져요.

무궁화

한 나라를 나타내는 나라꽃(꽃 화, 花)을 '국화'라고 해요. 우리나라의 국화는 무궁화예요. 무궁화는 '영원히 피고 또 피어서 지지 않는 꽃'이라는 뜻을 가지고 있지요. 무궁화는 날마다 새벽에 피어나고 저녁이면 시들어 떨어져요. 끈질기게 새 꽃을 피우는 무궁화, 끈질기게 나라를 지킨 우리 민족과 닮지 않았나요?

1 보기 처럼 그림을 모두 포함하는 낱말을 붙임 딱지에서 찾아 붙여 보세요.

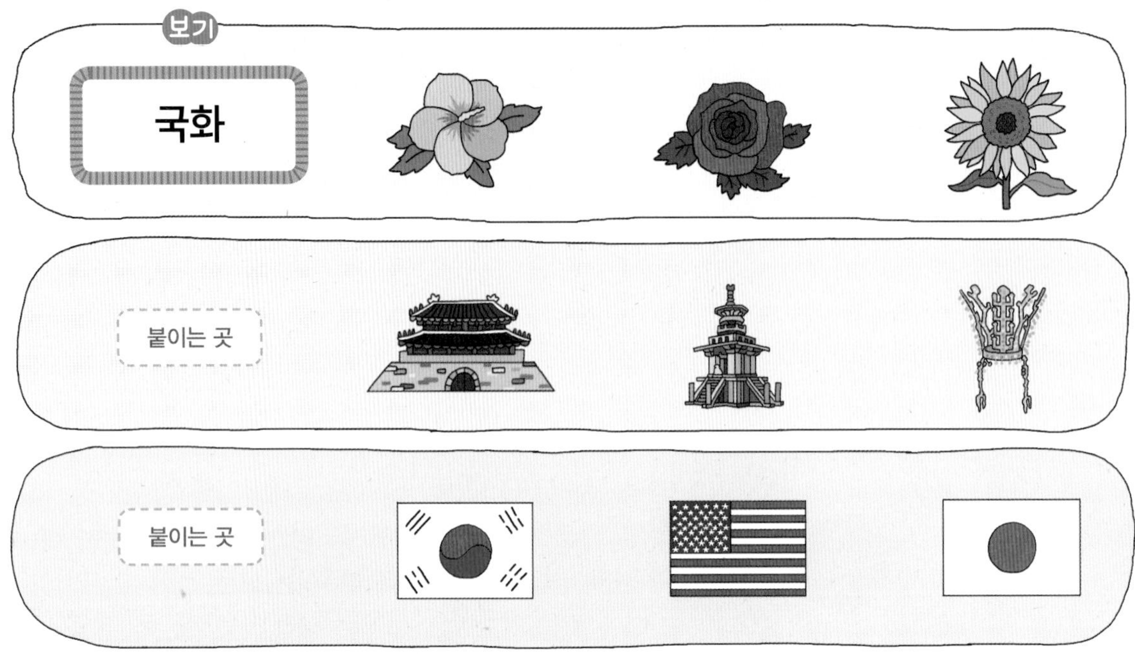

2 속뜻 짐작 낱말 카드에서 친구들이 궁금해하는 낱말을 찾아 글자와 같은 색으로 칠해 보세요.

세계에는 셀 수 없이 많은 나라들이 있어요.
각 대륙에는 어떤 나라들이 있는지 알아보아요.

Asia(아시아)

Republic of Korea
(대한민국)

China(중국)

Japan(일본)

India(인도)

Europe(유럽)

United Kingdom(영국)

France(프랑스)

Germany(독일)

Russia(러시아)

Africa(아프리카)

Nigeria(나이지리아)

Republic of South Africa
(남아프리카 공화국)

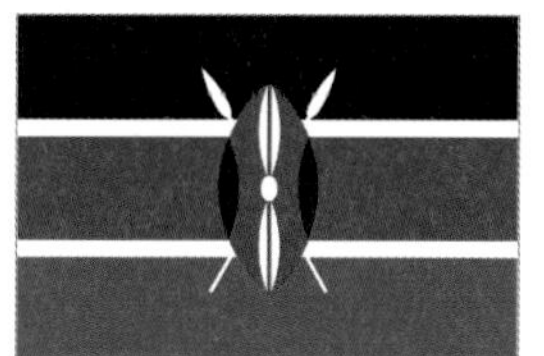
Kenya(케냐)

Oceania
(오세아니아)

Australia
(오스트레일리아)

New Zealand(뉴질랜드)

The Americas(아메리카)

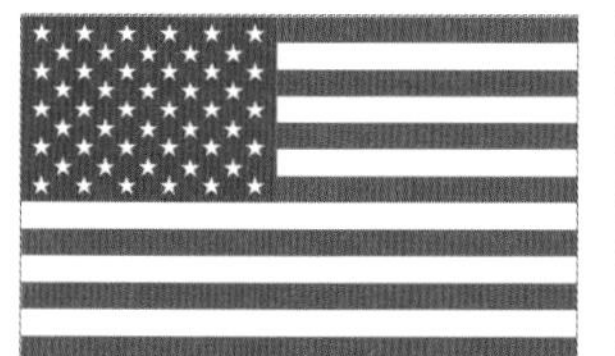
United States of
America(미국)

Mexico(멕시코)

Brazil(브라질)

2주 2일
학습 끝!
붙임 딱지 붙여요.

08 2주 군(軍)이 들어간 낱말 찾기

공부한 날짜 월 일

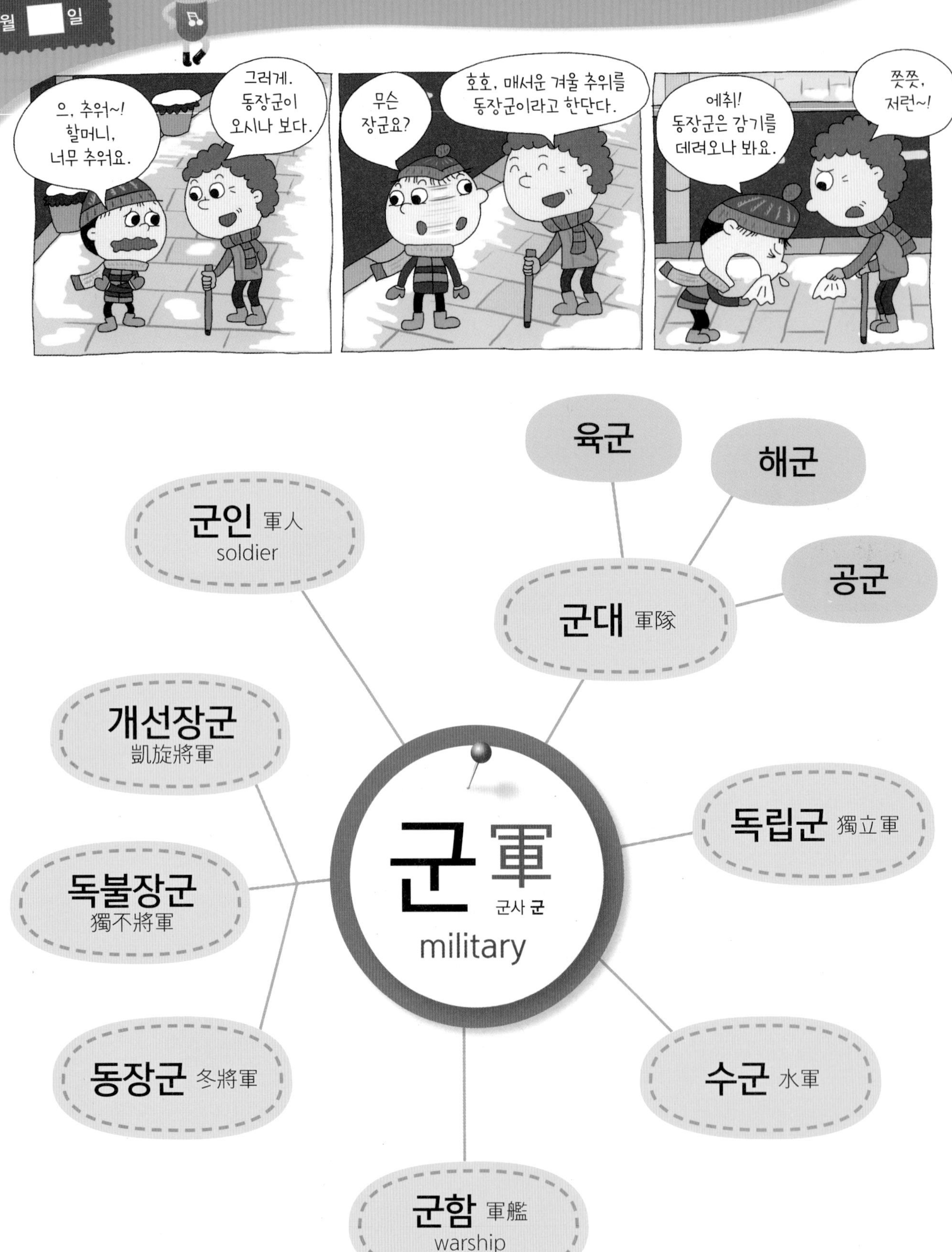

1 토끼가 친구 거북이를 찾고 있어요. 산봉우리에 있는 문제의 답을 붙임 딱지에서 찾아 붙이면서 거북이를 만나러 갈까요?

군대에서 나라를 지키는 사람은?

붙이는 곳

하늘에서 나라를 지키는 군대는?

붙이는 곳

싸워 이기고 돌아온 장군은?

붙이는 곳

군인들이 바다에서 싸우기 위해 타고 나가는 배는?

붙이는 곳

'겨울 장군'이라는 뜻으로, 매서운 추위를 일컫는 말은?

붙이는 곳

군인
軍(군사 군) 人(사람 인)

군인은 적이 쳐들어올 것에 대비해 나라와 국민을 지키려고 훈련받는 사람들이에요. 옛날에는 군인을 군사(군사 군, 軍)라고 불렀어요.

군대
軍(군사 군) 隊(무리 대)

군대는 군인들이 모인 무리(무리 대, 隊)예요. 평소에는 나라를 안전하게 지키고, 전쟁이 나면 앞장서서 싸우지요. 군대는 크게 육군, 해군, 공군으로 나뉘어요. '육군'은 땅(뭍 륙/육, 陸)을, '해군'은 바다(바다 해, 海)를, '공군'은 하늘(빌 공, 空)을 지키는 군대랍니다.

독립군
獨(홀로 독) 立(설 립/입) 軍(군사 군)

독립군은 우리나라의 독립을 위해 싸운 군대예요. 우리나라는 일본에게 나라를 빼앗긴 적이 있어요. 그때 우리나라 사람들은 독립군을 만들어 일본에 맞섰지요. '독립'은 남의 지배나 간섭을 받지 않고 스스로 해 나가는 거예요.

수군
水(물 수) 軍(군사 군)

수군은 조선 시대에 바다를 지킨 군대예요. 그래서 군대 이름에 '물 수(水)' 자가 들어가지요. 이순신 장군도 수군이었답니다. 오늘날에는 수군이 아니라 해군이 바다(바다 해, 海)를 지키고 있어요.

군함
軍(군사 군) 艦(싸움배 함)

군함은 군인들이 타고 싸우는 배(싸움배 함, 艦)예요. 군함에는 종류가 많은데, 그중 항공 모함은 비행기를 싣고 다니다가 뜨고 내리게 하는 배예요. 잠수함은 물속(물 수, 水)에 잠긴 채(잠길 잠, 潛) 다니는 배이지요.

개선장군/독불장군
凱(이기고 올 개) 旋(돌 선) 將(장수 장) 軍(군사 군) 獨(홀로 독) 不(아닐 부/불)

개선장군은 전쟁에서 이기고 돌아온(개선, 凱旋) 장군으로, 어떤 일에 성공해 자신감이 가득한 사람도 개선장군이라고 해요. 반면 **독불장군**은 무엇이든 자기 혼자(홀로 독, 獨)의 뜻대로 하는 사람을 말해요. '동장군'은 겨울(겨울 동, 冬) 장군이라는 뜻으로, 매서운 추위를 뜻하지요.

조선을 지킨 이순신 장군

수군은 조선 시대에 바다를 지킨 군대예요. 조선의 장군인 이순신은 일본군이 쳐들어왔을 때 수군을 이끌고 나가 조선을 지켜 냈지요. 이순신 장군과 조선의 수군에 대해 좀 더 알아보아요.

〈임진왜란과 이순신 장군〉

1592년에 일본이 조선을 침략해 왔어요. 임진년에 왜군이 쳐들어온 난이어서, 이 전쟁을 '임진왜란'이라고 하지요. 조선군은 힘껏 싸웠지만 일본군을 당해 낼 수 없었어요. 조선군은 창과 칼로 싸우는데, 일본군은 새 무기인 조총을 들고 싸웠거든요.

▲ 임진왜란 때 사용한 거북선은 조선 시대의 군함이에요.

조선이 위태로워질 즈음, 남쪽 바다를 지키던 이순신 장군이 수군을 이끌고 전쟁에 나섰어요. 이순신 장군은 처음 벌인 옥포 해전에서 승리했고, 이후 한산도 대첩에서는 배들을 학의 날개 모양으로 배치해 일본군을 크게 무찔렀어요. 또 명량 대첩에서는 좁은 바닷길을 이용해 일본군을 물리쳤고요. 연이어 패하던 일본군은 마침내 노량 해전에서 크게 지고 일본으로 물러갔어요. 하지만 마지막 해전에서 이순신 장군은 일본군의 총에 맞아 숨을 거두었어요.

1 빈칸에 공통으로 들어갈 낱말은 무엇일까요? (　　　)

① 군인　② 장군　③ 개선　④ 수군

2 (　　) 안의 낱말 중 알맞은 것에 ○ 하세요.

① 우리나라를 해방시키려고 노력한 (**독립군 / 개선장군**)에게 감사해요.

② 바다를 지키는 군대를 (**육군 / 해군 / 공군**)이라고 해요.

3 속뜻 짐작 빈칸에 알맞은 낱말을 〈낱말표〉에서 골라 ○ 하세요.

〈낱말표〉

적	군	의
기	악	공
음	대	장

군인 중에는 땅에서 싸우는 '육군', 하늘에서 싸우는 '공군', 바다에서 싸우는 '해군'이 있어요. 각각의 군인을 영어로 배워 볼까요?

army

army에는 '군대'라는 뜻과 '육군'이라는 뜻이 있어요. 육군이 타는 '전차'는 tank라고 해요. tank는 두꺼운 철판에 대포나 총이 달려 있어요.

air force

air force는 하늘에서 싸우는 '공군'이에요. 공군은 '전투기'인 fighter를 타고 싸우지요. fighter는 jet fighter라고도 불려요. 여러분이 '제트기'라고 부르는 게 바로 jet fighter예요.

2주 3일 학습 끝!
붙임 딱지 붙여요.

navy

navy는 바다를 지키는 '해군'이에요. 해군은 '군함'인 warship을 타고 싸워요. 항공 모함, 전함 등이 모두 warship이에요.

QR 찍고 발음 듣기

09 공부한 날짜 월 일

2주

자(子)가 들어간 낱말 찾기

엄마,
아이스크림
먹어요!

그래,
아빠도 사다
드리자.

MART

엄마,
아빠가
요새 이가
시리시지요?

응.
걱정이야.

그럼 아빠 건
제가 먹을게요.
아빠가 아프면
마음이 아파서.

어이구,
효자가 따로
없구나?

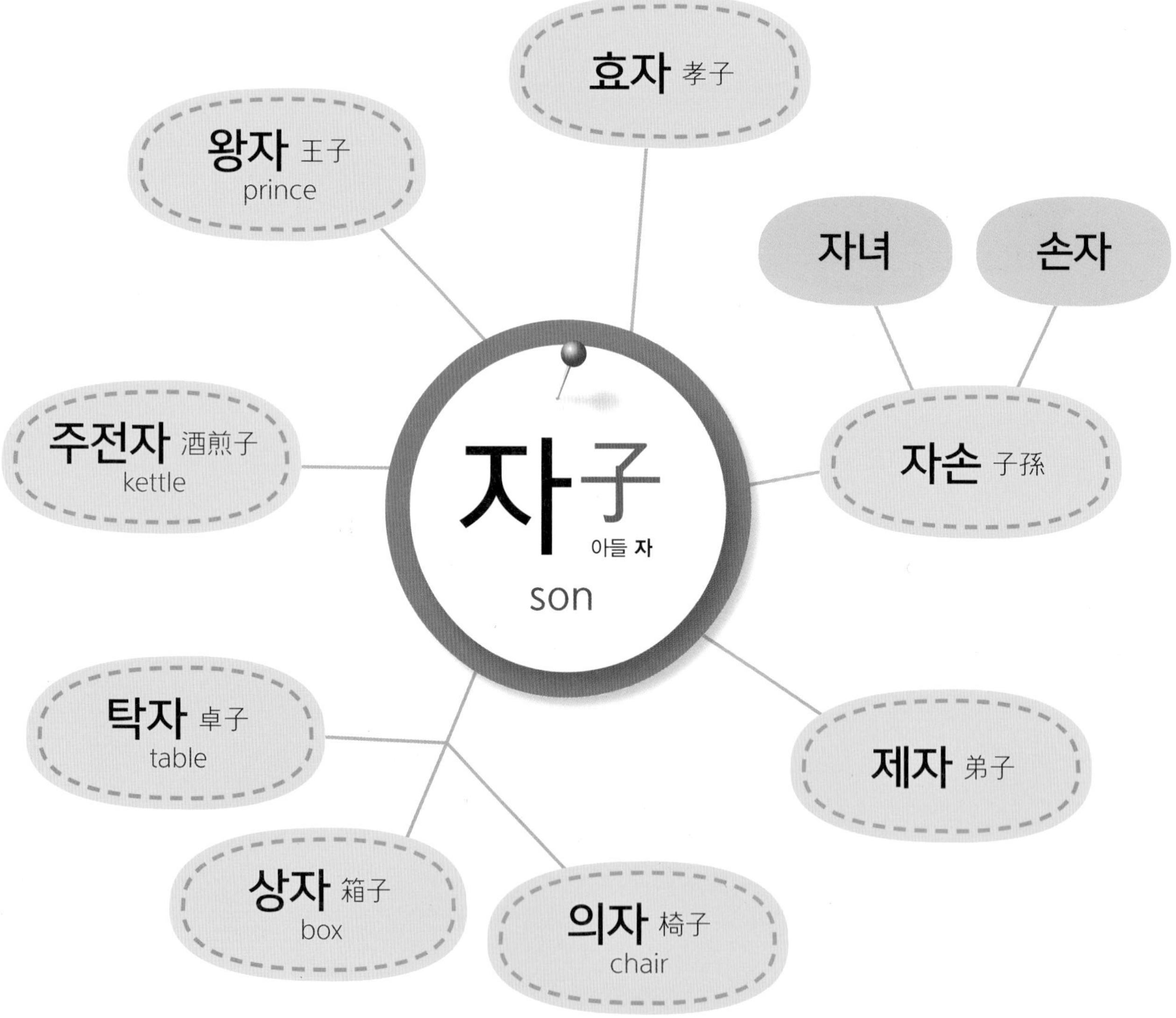

자 子 아들 **자** son

- 효자 孝子
- 왕자 王子 prince
- 자손 子孫
  - 자녀
  - 손자
- 주전자 酒煎子 kettle
- 탁자 卓子 table
- 상자 箱子 box
- 의자 椅子 chair
- 제자 弟子

'자(子)' 자에는 왕자처럼 '아들'이라는 뜻과 제자처럼 '사람'이라는 뜻, 의자같이 '도구'라는 뜻이 있어요.

1 친구들이 내는 문제를 잘 읽고, 답이 적힌 열매를 찾아 친구의 머리카락과 같은 색으로 칠해 보세요.

왕자
王(임금 왕) 子(아들 자)

왕자는 임금(임금 왕, 王)의 아들(아들 자, 子)이에요. 옛날에 왕이 나라를 다스릴 때에는 왕이 자리에서 물러나면 왕자 가운데 한 명이 다음 왕이 되었어요. 이렇게 왕위를 이을 왕자를 구별해서 '세자'라고 불렀어요.

효자
孝(효도 효) 子(아들 자)

효자는 부모님의 은혜를 알고 부모님을 위하는 아들이에요. 그런 딸은 '여자 녀/여(女)' 자를 붙여 '효녀'라고 하지요. 옛날에는 효자가 있으면 그 행동을 비석에 기록해 널리 알렸어요. 이 비석을 '효자비'라고 해요.

자손
子(아들 자) 孫(손자 손)

자손은 남자와 여자가 결혼하여 낳은 아들딸이에요. 또 이 아들딸이 각자 결혼해서 낳은 아들딸을 모두 아울러 '자손'이라고 하지요. 자손 중에 아들과 딸을 '자녀'라고 하고, 자녀가 낳은 아들, 딸을 '손자', '손녀'라고 해요.

제자
弟(아우 제) 子(아들 자)

제자는 스승에게 공부나 기술을 배우는 사람이에요. 여기에서 '자(子)'는 '사람'이라는 뜻으로 쓰였지요. 제자와 비슷한말로 '문하생'이 있어요. '문하'란 스승의 아래라는 뜻이에요.

의자/상자
椅(의자 의) 子(아들 자)
箱(상자 상)

의자는 엉덩이를 대고 걸터앉도록 만든 기구예요. **상자**는 여러 가지 물건을 담을 수 있도록 만든 그릇이고, '탁자'는 물건을 올려놓을 수 있게 만든 가구이지요. 의자, 상자, 탁자에 쓰인 '자(子)'는 모두 '물건'이라는 뜻을 지니고 있어요.

주전자
酒(술 주) 煎(달일 전)
子(아들 자)

주전자는 물 등을 데우거나 담아서 따르게 만든 그릇이에요. 주전자에는 좁고 길쭉하게 나온 주둥이와 손잡이가 달려 있지요. 주전자에서도 '자(子)'는 '물건'이라는 뜻으로 쓰였어요.

효자와 효녀

우리 조상들은 사람이 지켜야 할 도리 중에 부모를 잘 모시는 것을 으뜸으로 여겼어요. 그래서 세종 대왕은 효자와 효녀의 이야기를 〈삼강행실도〉라는 책에 담아 널리 백성들이 읽게 했지요. 그럼 〈삼강행실도〉에 나오는 효자 이야기를 만나 볼까요?

〈오디를 딴 효순〉

중국 한나라 때 일이에요. 어머니와 단둘이 살던 채순은 나라에 큰 흉년이 들자 뽕나무 열매인 오디라도 따려고 산에 갔어요. 힘들게 산에 올라 오디를 줍고 있는데, 험상궂은 도적이 나타나 말했어요.

"먹을 것이 있으면 당장 내놓아라!"

"가진 거라곤 이 오디뿐이오. 이거라도 가져가겠소?"

"그런데 왜 오디를 두 바구니에 나누어 담았지?"

"까만 오디는 잘 익었으니 어머니께 드리고, 빨간 오디는 덜 익어 아직 신맛이 나니 내가 먹으려 하오."

"대단한 효자군. 내 아무리 도적이지만 이런 효자의 것까지 빼앗을 수는 없지."

감동받은 도적은 자신이 가진 쌀까지 나누어 주려고 했어요.

그러나 채순은 끝내 받지 않고 도적을 돌려보냈답니다.

1 서로 관련 있는 낱말끼리 연결해서 퍼즐 조각을 맞추어 보세요.

왕 •	• 효녀
스승 •	• 자녀
부모 •	• 왕자
효자 •	• 제자

2 속뜻 짐작 밑줄 친 '자(子)' 자가 물건을 뜻하는 것을 모두 골라 ○ 하세요.

손자 | 액자 | 탁자 | 의자

옛날에는 우리나라에도 왕과 왕의 가족들이 있었어요.
왕과 왕의 가족들을 영어로는 어떻게 부를까요?

king

king은 '왕'이에요. 한 나라를 다스리는 사람이지요. 어떤 일을 뛰어나게 잘하는 사람도 king이라고 불러요. '공부의 왕'은 the king of studying이에요.

queen

queen은 '여왕'이에요. 왕의 부인인 '왕비'도 queen이라고 하지요. '여왕개미'는 queen ant 라고 해요.

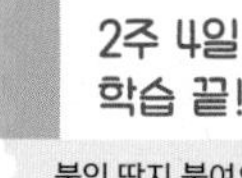

붙임 딱지 붙여요.

prince

prince는 '왕자'예요. 왕이나 여왕의 아들을 말해요.

princess

princess는 '공주'예요. 왕이나 여왕의 딸을 말해요.

학(學)이 들어간 낱말 찾기

학 學 배울 학 learn

- 학습 學習 study
- 학문 學問
  - 수학
  - 과학
- 견학 見學
- 유학 留學
- 입학 入學
- 방학 放學 vacation
- 학용품 學用品

1 초성을 참고해 빈칸에 알맞은 낱말을 써 보세요.

① 

공부할 때 쓰는 물건들을

(이)라고 해요.

② 

직접 가서 보고 배우는 것을

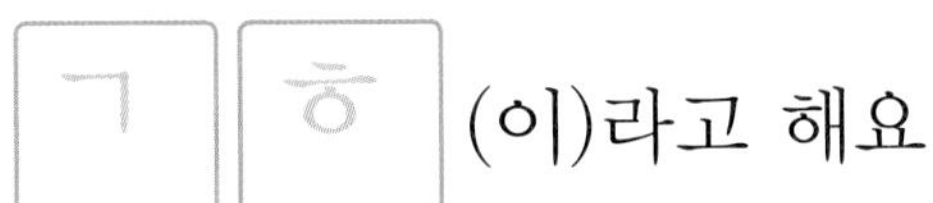

(이)라고 해요.

2 '학' 자가 쓰인 조각을 모두 찾아 색칠하고, 답을 찾아 ○ 하세요.

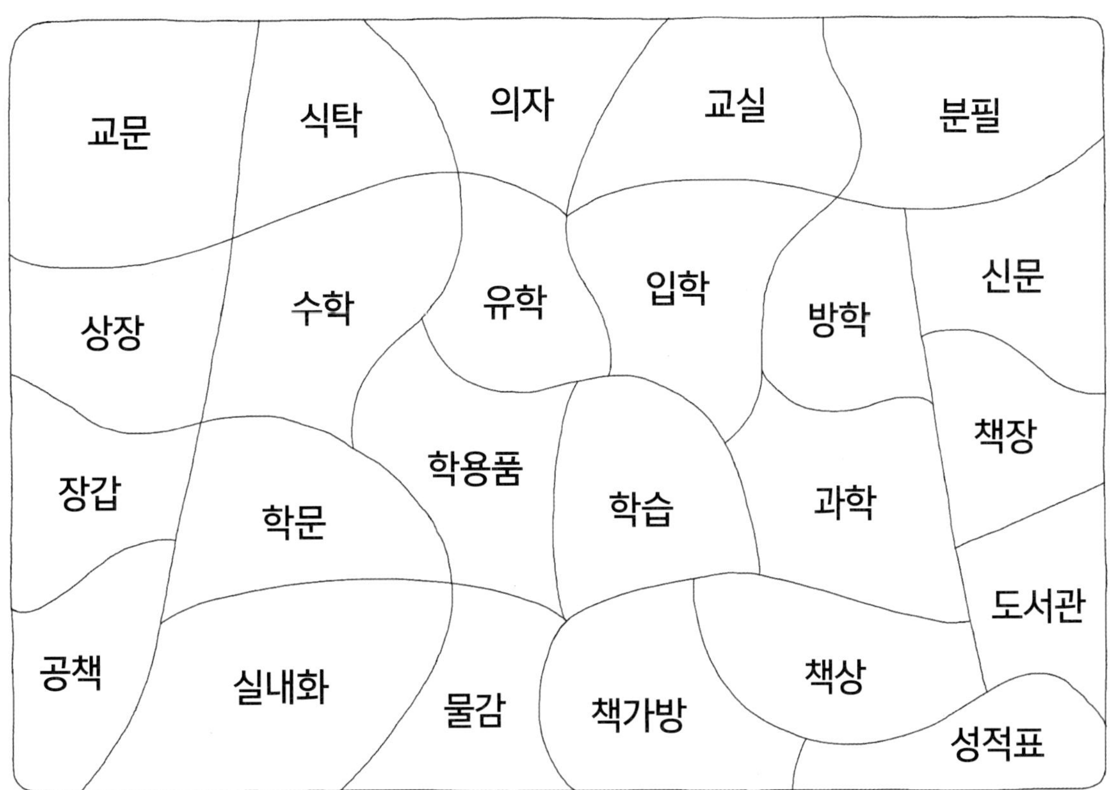

① 어떤 그림이 나타났나요? **(책 / 빵)**

② '학' 자에는 어떤 뜻이 담겨 있을까요? **(배우다 / 먹다)**

학습
學(배울 학) 習(익힐 습)

학습은 국어, 수학, 피아노 등 어떤 지식이나 기술 등을 배우고(배울 학, 學) 익히는(익힐 습, 習) 것이에요. 학습할 때 쓰는 문제지를 '학습지', 교과서 외에 학습에 참고가 되는 책을 '학습서'라고 해요.

학문
學(배울 학) 問(물을 문)

학문은 한 분야의 지식을 꼼꼼히 따져 물으며 배우고 익히는 거예요. '수학'은 수(셈 수, 數)와 관계된 규칙을 연구하는 학문이고, '과학'은 자연의 원리나 법칙을 연구하는 학문이에요.

견학
見(볼 견) 學(배울 학)

견학은 어떤 곳에 가서 눈으로 보고(볼 견, 見) 경험하며 배우는(배울 학, 學) 거예요. 소방관이 어떤 일을 하는지 배우려면 소방서 견학을 가지요.

유학
留(머무를 류/유) 學(배울 학)

유학은 외국에 머물면서(머무를 류/유, 留) 배우는(배울 학, 學) 거예요. 유학하는 학생을 '유학생'이라고 해요.

입학/방학
入(들 입) 學(배울 학)
放(놓을 방)

입학은 배우려고(배울 학, 學) 학교에 들어가는(들 입, 入) 거예요. 학교에 처음 들어온 학생을 '입학생'이라고 해요. 또한 **방학**은 배우는 것을 잠시 놓는다(놓을 방, 放)는 뜻으로, 정해 놓은 기간 동안 학교에 가지 않고 쉬는 것이에요.

학용품
學(배울 학) 用(쓸 용)
品(물건 품)

학용품은 공부할 때 쓰는 물건이에요. 공책, 연필, 가위, 책가방, 실내화 등이 모두 학용품이지요. 학용품 중에서도 글씨를 쓸 때 사용하는 연필, 지우개, 종이 등은 '필기도구'라고 해요.

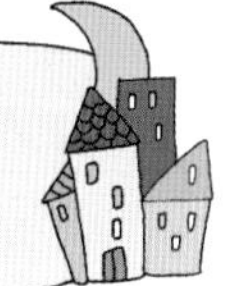

견학 다녀오기

'백 번 듣는 것이 한 번 보는 것만 못하다.'라는 속담을 들어 본 적이 있나요? 듣기만 하는 것보다 한 번이라도 직접 보고 경험하는 것이 좋다는 말이에요. 이처럼 직접 보고(볼 견, 見) 배우는(배울 학, 學) 것을 '견학'이라고 해요. '체험 학습'이라고도 하지요. 국회 의사당을 중심으로 어떻게 견학하는지 알아보아요.

〈국회 의사당 견학하기〉

1. 자료 조사하기 견학 가기 전에 먼저 국회 의사당이 무엇을 하는 곳인지 책이나 인터넷으로 알아봐요. 국회 의사당은 국민의 대표로 뽑힌 국회 의원들이 모여 나랏일을 의논하는 곳이에요.

2. 누리집에 예약하고 견학 코스 확인하기 국회 의사당을 견학하려면, 사흘 전까지 국회 의사당 누리집에 예약을 해야 해요. 누리집의 국회 자료실에 가면 '국회 참관 안내 브로슈어'를 받아 견학 코스를 확인할 수 있어요.

3. 준비물 챙기기 보고 들은 것을 적을 수 있도록 공책이나 수첩, 연필 등을 준비하고, 사진기도 챙겨요. 신발은 편하고 길을 때 소리가 덜 나는 것으로 준비해요.

4. 견학할 때 주의할 점 국회 의사당에 가면 전시실과 본회의장을 직접 볼 수 있어요. 견학할 때에는 차례를 잘 지키고 큰 소리로 떠들거나 뛰지 않아요. 견학을 마친 뒤에는 보고 듣고 느낀 점들을 공책이나 수첩에 적어 보관해요.

▲ 헌법 체험관에서는 국회의 다양한 활동을 살펴볼 수 있어요.

▲ 본회의장에선 국회 의원들이 나랏일을 의논하고 결정하는 것을 볼 수 있어요.

속뜻 짐작 능력 테스트

1 그림을 보고 빈칸에 들어갈 말을 직접 써 보세요.

배운 것을 익히려고

학 ☐ 지를 풀어요.

학교에 안 가는 ☐ 학에는

여러 가지 활동을 해요.

옛날에 선비들은 지식을 익히는

학 ☐ 에 힘썼어요.

뉴질랜드에서 공부하려고

☐ 학을 떠나요.

2 속뜻 짐작 (　　) 안의 두 낱말 중 알맞은 것에 ○ 하세요.

여덟 살이 되어서

초등학교에 (**입학** / **통학**)을 했어요.

새 (**학년** / **전학**) 새 (**학기** / **학문**)에는

새로 산 학용품으로 공부할 거예요.

'학용품'은 영어로 school supplies라고 해요.
다양한 학용품을 영어로 어떻게 말하는지 알아볼까요?

ruler

ruler는 '자'예요. 길이를 재거나 줄을 똑바로 그을 때 써요.

pencil

pencil은 '연필'이에요. 글씨를 쓰거나 그림을 그릴 때 사용해요. 연필을 깎을 필요 없이 편하게 쓸 수 있는 '샤프'는 automatic pencil이라고 해요.

eraser

eraser는 '지우개'예요. 연필로 쓴 글씨나 그림을 지울 때 사용해요. 볼펜으로 쓴 것을 지울 때는 하얀 액체로 된 '수정액'인 whiteout을 사용해요.

2주 5일
학습 끝!
붙임 딱지 붙여요.

scissors

scissors는 '가위'예요. 종이나 옷감 등을 자를 때 쓰지요. 가위는 날카로워서 손을 다칠 수 있으니 조심해야 해요.

notebook

notebook은 '공책'이에요. 빈 종이를 묶어 놓은 책으로, 글씨를 쓰거나 그림을 그릴 수 있어요.

재미있는 우리말 이야기

학교에서 내주는 과제물 '숙제'

으, 숙제가 왜 이렇게 어려워!
아빠한테 여쭤봐야겠다.

어? 대통령은 학교도
안 다니는데 누가
숙제를 내준 거예요?

하하, 대통령이
말한 숙제는 그런
숙제가 아니란다.

숙제(잠잘 숙 宿, 제목 제 題): 학교에서 내주는 과제물이나 두고두고 생각해 볼 문젯거리를 말해요.

옛날에 서당에서는 미리 시나 글의 제목을 학생들에게 알려 집에서 생각해 오게 했는데, 이걸 '숙제'라고 했단다.

다음에는 소동파의 시를 배워 보겠다.

네!

contents

PART 2

PART2에서는 상대어나 주제를 중심으로
관련이 있는 낱말들을 연결해서 배워요.

11

공부한 날짜 월 일

3주 대(大)와 소(小) 비교하기

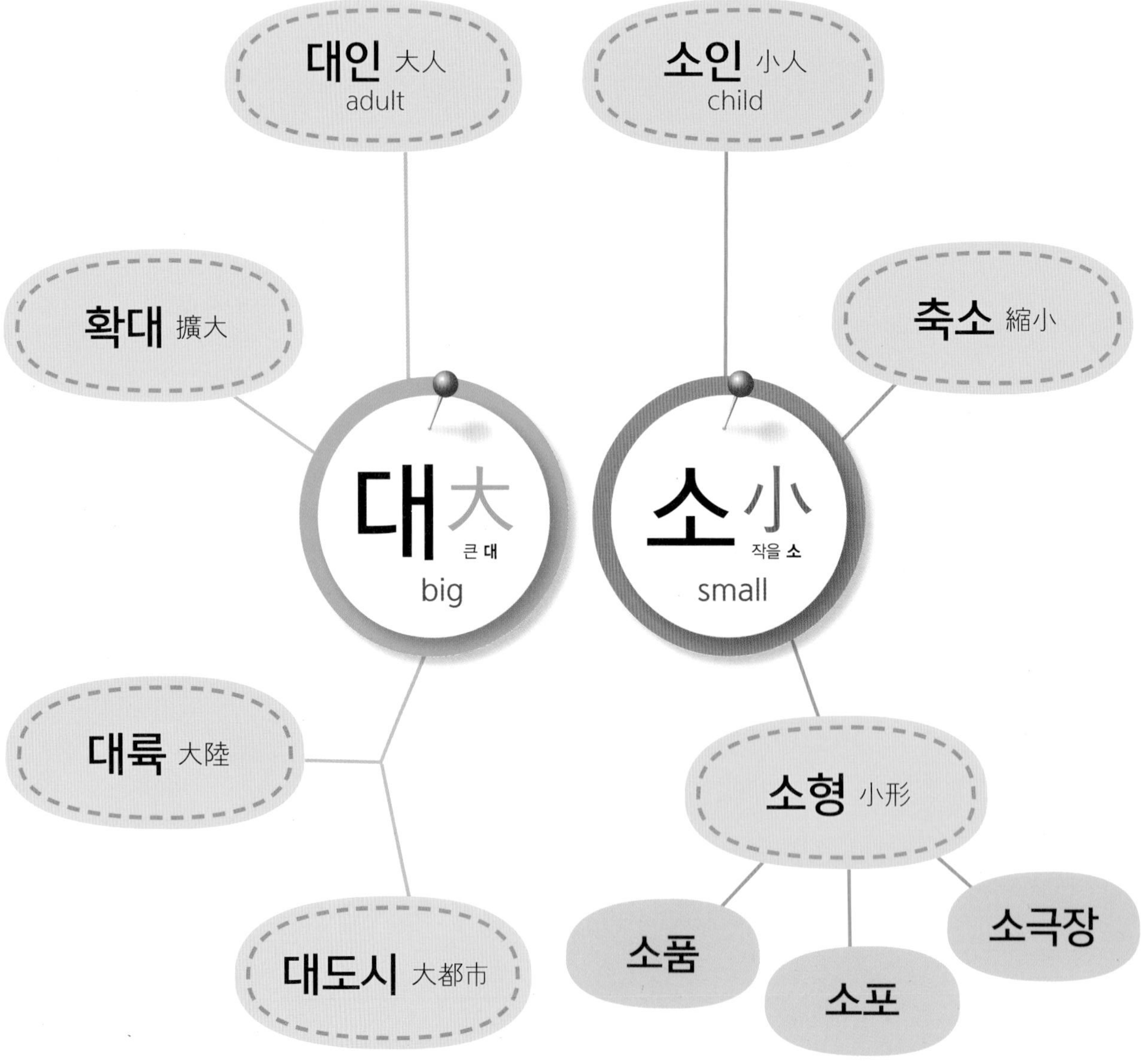

대 大 큰 대 big

- 대인 大人 adult
- 확대 擴大
- 대륙 大陸
- 대도시 大都市

소 小 작을 소 small

- 소인 小人 child
- 축소 縮小
- 소형 小形
  - 소품
  - 소포
  - 소극장

1 사다리를 타고 내려가서 낱말에 '크다'는 뜻이 담겨 있으면 '대' 자를, '작다'는 뜻이 담겨 있으면 '소' 자를 써 보세요.

예 확대

소극장

대도시

소포

대륙

축소

모양이나 크기를 더 크게 함.

모양이나 크기를 더 작게 함.

작게 포장한 물건

넓고 큰 땅덩어리

작은 극장

사람들이 많이 사는 큰 도시

대

대인 vs 소인

大(큰 대) 人(사람 인)
小(작을 소)

놀이공원에서 표를 끊을 때 '대인'과 '소인'이라는 낱말을 본 적이 있나요? **대인**과 **소인**은 한자대로 하면 키와 몸집이 큰 사람과 키와 몸집이 작은 사람을 뜻해요. 하지만 생활 속에서는 대인은 어른을, 소인은 어린이를 뜻해요.

확대 vs 축소

擴(넓힐 확) 大(큰 대)
縮(줄일 축) 小(작을 소)

확대는 모양이나 크기를 넓혀서(넓힐 확, 擴) 크게(큰 대, 大) 하는 것이에요. 작은 것을 크게 보여 주는 안경을 '확대경'이라고 하지요. 반대로 **축소**는 모양이나 크기를 줄여서(줄일 축, 縮) 작게(작을 소, 小) 하는 것이에요. 우리가 보는 지도는 땅 크기를 많이 축소해서 한눈에 보게 그린 그림이에요.

대륙/대도시

大(큰 대) 陸(뭍 륙/육)
都(도읍 도) 市(저자 시)

대륙은 크고 넓은(큰 대, 大) 땅(뭍 륙/육, 陸)이에요. 아시아, 아프리카, 유럽 등이 모두 대륙이지요. 대륙과 비슷한말로 '땅 지(地)' 자가 들어간 '대지'가 있어요. 또한 도시에 '대(大)' 자가 붙은 **대도시**는 넓고 사람이 많이 사는 서울, 대전, 광주 같은 큰 도시예요. 대도시의 상대어는 규모가 작은 '소도시'예요.

소형

小(작을 소) 形(모양 형)

소형은 크기가 작은 것을 말해요. 소형 자동차는 크기가 작은 자동차이고, 대형 자동차는 버스처럼 크기가 큰 자동차예요. 또한 '소품'은 장식용으로 쓰는 작은 물건으로, 연극 무대나 영화 촬영장에서 쓰는 작은 물건들도 소품이라고 해요. 이와 비슷하게 '소포'는 작게 포장한 물건이고, '소극장'은 크기가 작은 극장이에요.

지구본을 본 적이 있나요? 지구본은 지구 모습을 작게 축소해 놓은 거예요. 지구본을 보면 지구는 육지와 바다로 이루어져 있다는 것을 알 수 있지요. 사람들은 지구의 육지를 크게 나누어 이름을 붙였어요. 아시아, 유럽, 아프리카, 아메리카, 오세아니아, 남극처럼요. 그럼 지구의 일곱 대륙에 대해 알아볼까요?

〈일곱 개의 대륙〉

유럽 유럽은 아시아 서쪽에 있는 대륙이에요. 땅이 크지는 않지만, 오랜 역사와 찬란한 문화를 자랑해요.

아시아 아시아는 우리나라가 속한 대륙이에요. 땅도 크고 사람도 가장 많이 살아요.

북아메리카 북아메리카는 아메리카 대륙의 북쪽에 있어요. 대도시가 많고, 과학과 산업이 발달했어요.

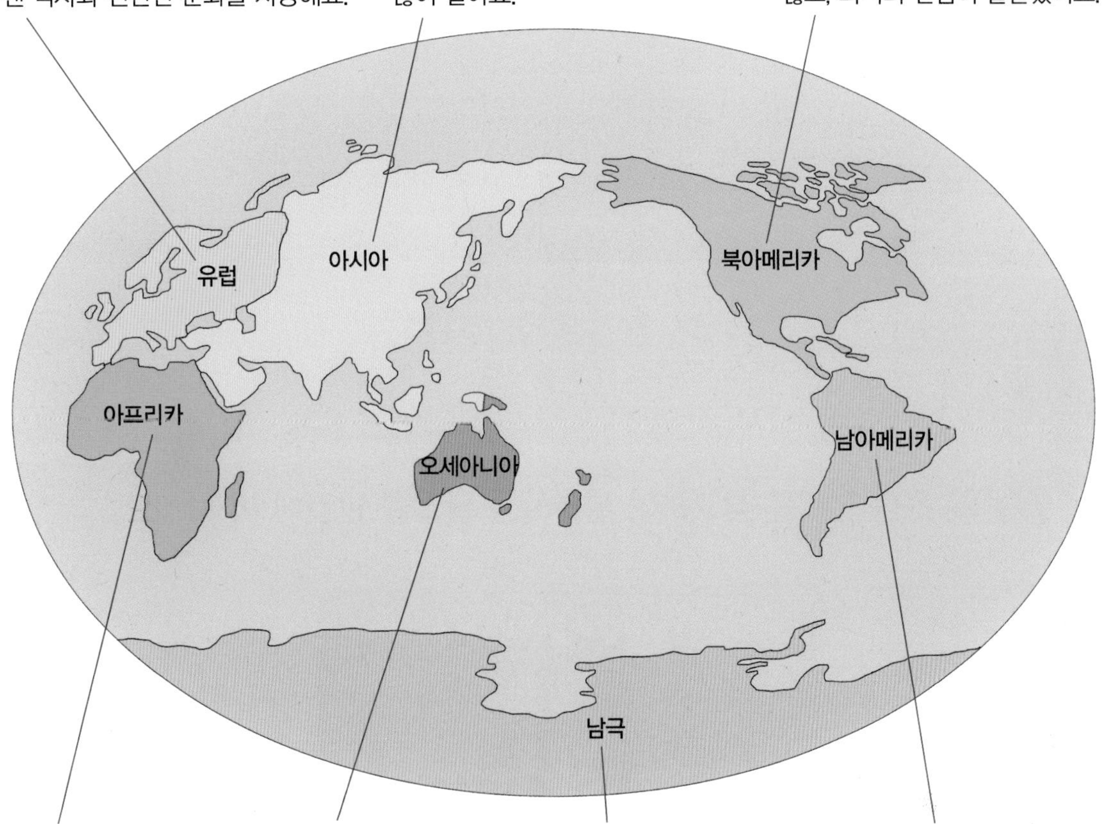

아프리카 아프리카는 아시아 다음으로 큰 대륙이에요. 밀림과 사막, 초원이 펼쳐져 있지요. 수많은 야생동물이 살고 있어서 '야생동물의 천국'이라고 불려요.

오세아니아 오세아니아는 가장 작은 대륙이에요. 오스트레일리아를 비롯해 크고 작은 많은 섬들로 이루어져 있어요.

남극 남극은 지구에서 가장 추운 곳이에요. 여러 나라의 과학자들이 연구를 위해 머물고 있지요. 우리나라도 이곳에 '세종 과학 기지'를 세웠어요.

남아메리카 남아메리카는 아메리카 대륙의 남쪽에 있어요. 아마존강 주변에는 세계에서 가장 넓은 숲이 있어요. 이 숲에서 산소가 많이 만들어져요.

1 서로 상대되는 뜻을 가진 낱말끼리 연결해서 퍼즐 조각을 맞추어 보세요.

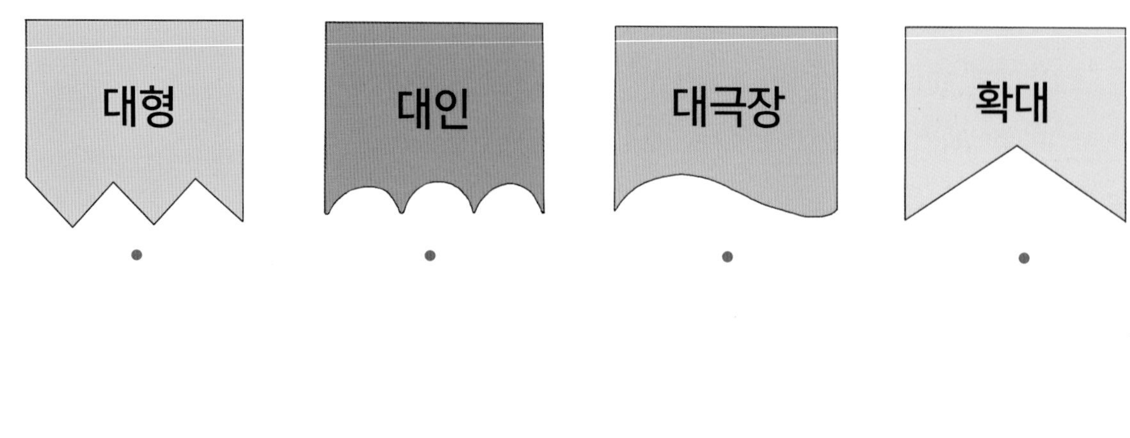

2 속뜻 짐작 초성 힌트를 참고하여 설명하는 낱말을 빈칸에 써 보세요.

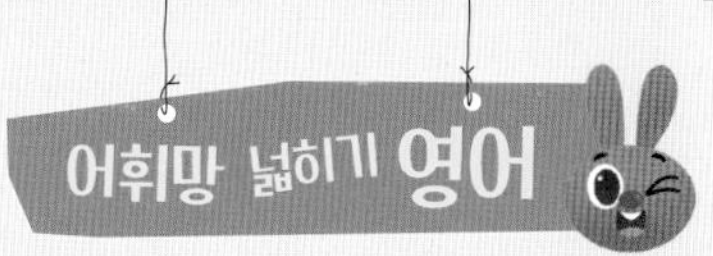

영어에도 큰 것과 작은 것을 비교하는 말이 있을까요?
크고 작은 것을 영어로는 어떻게 표현하는지 알아보아요.

big vs small

big은 크기가 큰 것을 말해요. 반대로 크기가 작은 것은 small이라고 하지요. '큰 집'은 big house라고 하고, '작은 집'은 small house라고 해요. house는 '집'이라는 뜻이에요.

3주 1일
학습 끝!
붙임 딱지 붙여요.

tall vs short

tall은 키가 큰 것이나, 높이가 높은 것을 말해요. '나는 키가 커.'는 'I am tall.'이라고 해요. '높은 건물'은 tall building이라고 하지요. 반대로 short은 키가 작은 것이나, 높이가 낮은 것을 말해요. '나는 키가 작아.'는 'I am short.'이라고 해요. '높이가 낮은 건물'은 short building이라고 말한답니다. building은 '건물'이라는 뜻이에요.

QR 찍고 발음 듣기

12 3주 내(內)와 외(外) 비교하기

공부한 날짜 월 일

1 탐험가가 커다란 뱀이 사는 미로 안에 갇혔어요. '바깥'과 관련 있는 낱말을 따라가서 탐험가가 무사히 미로를 탈출할 수 있도록 도와주세요.

외출
외식
도착
실내
외투
실외
국내
교내
외부
시내
내복
출발
내부

실내 vs 실외

室(집 실) 內(안 내) 外(바깥 외)

실내는 집(집 실, 室)이나 건물의 안(안 내, 內)이에요. 반대로 **실외**는 집이나 건물의 바깥(바깥 외, 外)이지요. 방이나 교실은 실내, 운동장이나 놀이터는 실외예요. 그래서 실내에서 신는 신은 '실내화'라고 하지요. 그리고 에어컨에서 나오는 더운 바람을 밖으로 빼내는 장치는 '실외기'라고 해요.

내복 vs 외투

內(안 내) 服(옷 복)
外(바깥 외) 套(덮개 투)

내복은 팬티나 러닝셔츠처럼 겉옷 안(안 내, 內)에 입는 옷(옷 복, 服)이에요. 속에 입는 옷이어서 '속옷'이라고 하지요. 속옷 중에서 겨울에 몸을 따뜻하게 해 주는 옷을 구별해 '내복'이라고 부르기도 해요. **외투**는 바깥(바깥 외, 外)에 입는 옷으로 몸을 따뜻하게 덮어(덮개 투, 套) 줘요. 외투 중에는 코트, 점퍼 등이 있어요.

국내 vs 국외

國(나라 국) 內(안 내)
外(바깥 외)

국내는 나라(나라 국, 國) 안(안 내, 內)을, **국외**는 나라 밖(바깥 외, 外)을 뜻해요. 또한 '시내'는 도시(저자 시, 市)의 안(안 내, 內)을, '시외'는 도시의 밖(바깥 외, 外)을 뜻하지요. 버스 중에 한 도시 안에서만 다니는 버스는 '시내버스', 먼 곳까지 다니는 버스는 '시외버스'라고 해요.

외부

外(바깥 외) 部(거느릴 부)

외부는 물건이나 장소의 바깥을 말해요. 우리가 바깥으로 나가는(날 출, 出) 것은 '외출'이라고 하고, 밖에서 음식을 사 먹는(먹을 식, 食) 것은 '외식'이라고 해요.

외국에서 들어온 말

우리는 생활하면서 다른 나라에서 들어온 말들을 많이 써요. 예를 들어 “텔레비전으로 뉴스 보자.”라고 할 때, ‘텔레비전’과 ‘뉴스’는 다른 나라에서 들어왔는데 우리말처럼 사용하고 있는 말이지요. 이처럼 우리가 자주 쓰는, 다른 나라의 말에는 무엇이 있는지 살펴보아요.

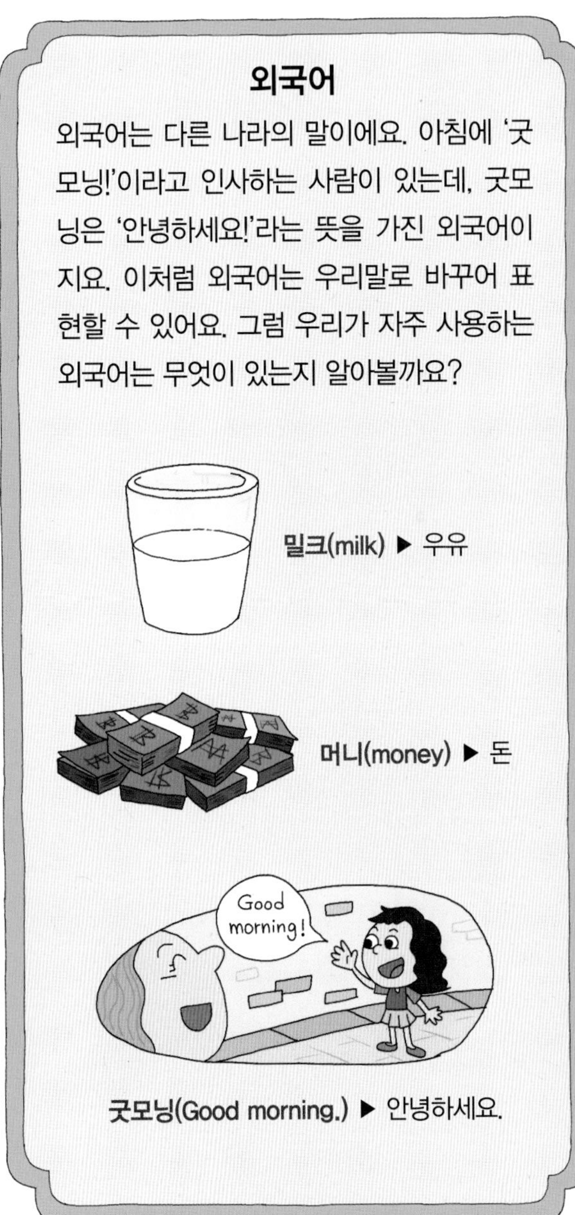

외국어

외국어는 다른 나라의 말이에요. 아침에 ‘굿모닝!’이라고 인사하는 사람이 있는데, 굿모닝은 ‘안녕하세요!’라는 뜻을 가진 외국어이지요. 이처럼 외국어는 우리말로 바꾸어 표현할 수 있어요. 그럼 우리가 자주 사용하는 외국어는 무엇이 있는지 알아볼까요?

밀크(milk) ▶ 우유

머니(money) ▶ 돈

굿모닝(Good morning.) ▶ 안녕하세요.

외래어

외래어는 외국어 중에 우리나라에 들어와서 우리말처럼 쓰이는 말이에요. 우리말로 적당히 표현할 수 없어서 다른 나라의 말을 빌려 와 우리말처럼 쓰고 있지요. 우리가 자주 사용하는 외래어는 무엇이 있을까요?

빵
포르투갈어에서 온 외래어

고무
프랑스어에시 온 외래어

구두, 냄비
일본어에서 온 외래어

버스, 택시, 트럭, 컴퓨터, 텔레비전, 라디오, 바나나
영어에서 온 외래어

1 설명에 어울리는 그림을 찾아 ○ 하세요.

2 왼쪽 낱말 카드와 상대되는 낱말이 적힌 카드를 찾아 파랗게 색칠해 주세요.

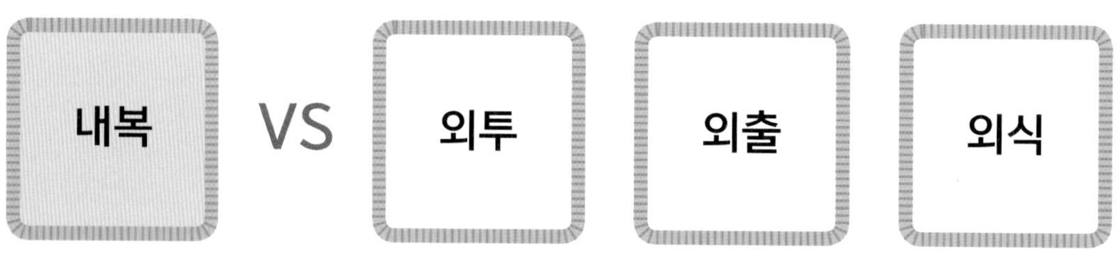

3 속뜻 짐작 밑줄 친 낱말과 상대되는 낱말을 초성 힌트를 참고하여 써 보세요.

나라 안, **국내**
나라 밖, ㄱ ㅇ

도시 안, **시내**
도시 밖, ㅅ ㅇ

학교 안, **교내**
학교 밖, ㄱ ㅇ

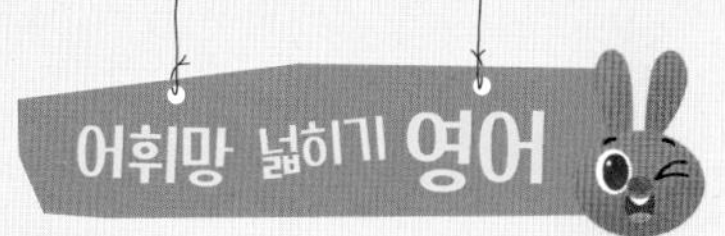

영어로는 안과 밖을 어떻게 구분할까요?
'내'와 '외'처럼 안과 바깥을 나누는 영어 단어를 알아보아요.

in

In은 '안에'라는 뜻이에요. '차에 타.'라고 말하려면 'Get in the car.'라고 하면 돼요.

out

out은 '밖에'라는 뜻이에요. '차에서 내려.'라고 말하려면 'Get out of the car.'라고 하면 돼요.

indoor

indoor는 '실내의, 실내에 있는'이라는 뜻이에요. 그래서 '실내 수영장'은 indoor pool이라고 해요. pool은 '수영장'이에요.

outdoor

outdoor는 '실외의, 실외에 있는'이라는 뜻이에요. 그래서 '실외 수영장'은 outdoor pool이라고 한답니다.

3주 2일 학습 끝!
붙임 딱지 붙여요.

inside

inside는 '안에, 안쪽에'라는 뜻이에요. '집 안에 소파가 있어요.'라고 말하려면 'There is a sofa inside the house.'라고 하면 돼요.

outside

outside는 '밖에, 바깥에'라는 뜻이에요. '개가 집 밖에 있어요.'라고 말하려면 'A dog is outside of the house.'라고 하면 된답니다.

QR 찍고 발음 듣기

전(前)후(後)좌(左)우(右)가 들어간 말 비교하기

전前 앞 전 front
- 전진 前進
- 이전 以前
  - 오전
  - 식전
  - 기원전

후後 뒤 후 rear
- 후진 後進
- 이후 以後
  - 오후
  - 식후
  - 생후

좌左 왼 좌 left
- 좌의정 左議政
- 좌회전 左回轉

우右 오른 우 right
- 우측통행 右側通行
- 우회전 右回轉

1 안내하는 말을 잘 읽고, (　　) 안의 두 낱말 중 알맞은 것에 ○ 하세요.

①

식(전 / 후) 30분

②

생(전 / 후) ○개월

2 자동차를 타고 병원, 학교, 은행, 우체국에 가려면 어떻게 가야 하는지, 초성 힌트를 참고하여 빈칸에 써 보세요.

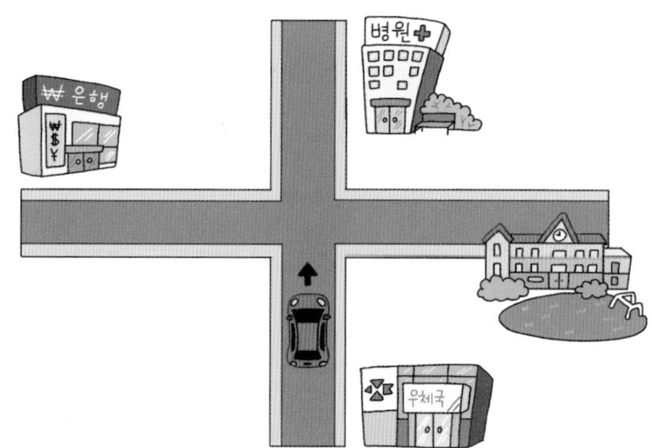

① 병원에 가려면 가던 길 따라 [ㅈ][ㅈ]을 하세요.

② 학교에 가려면 [ㅇ][ㅎ][ㅈ]을 하세요.

③ 은행에 가려면 [ㅈ][ㅎ][ㅈ]을 하세요.

④ 우체국에 가려면 [ㅎ][ㅈ]을 하세요.

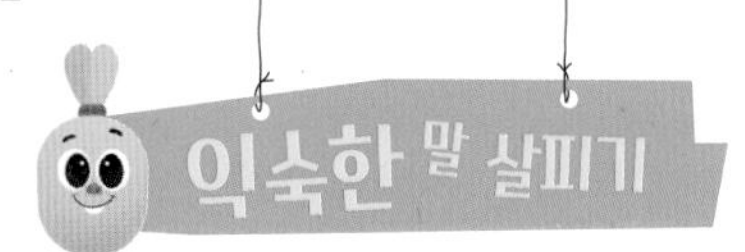

전진 vs 후진

前(앞 전) 進(나아갈 진)
後(뒤 후)

전진은 앞으로(앞 전, 前) 가는(나아갈 진, 進) 것이고, **후진**은 뒤로(뒤 후, 後) 가는(나아갈 진, 進) 것이에요. 차는 보통 전진을 하는데, 종종 후진을 하기도 해요. 꽤 많은 주차장에 '전면 주차'라는 말이 붙어 있는데, 이것은 차를 앞쪽을 보도록 세우라는 뜻이에요.

이전 vs 이후

以(써 이) 前(앞 전)
後(뒤 후)

이전은 지금보다 앞을 뜻해요. 반대로 **이후**는 지금보다 뒤를 뜻하지요. '오전'은 낮 12시인 정오보다 앞 시간을 가리키고, '오후'는 정오보다 뒤 시간을 가리켜요. '식전'은 밥을 먹기 전을, '식후'는 밥을 먹은 뒤를 말하지요. 또 '기원전'은 예수가 태어난 해를 기준으로 그 이전을 말해요. 병원에 가면 태어난(날 생, 生) 지 얼마나 되었는지 묻는데, 이걸 '생후'라고 해요.

좌회전 vs 우회전

左(왼 좌) 回(돌 회)
轉(구를 전) 右(오른 우)

좌회전은 사람이나 차 등이 왼쪽(왼 좌, 左)으로 방향을 바꾸는 거예요. **우회전**은 오른쪽(오른 우, 右)으로 방향을 바꾸는 것이지요. 체육 시간에 '좌향좌'라고 하면, 서 있는 상태에서 몸을 왼쪽으로 향하게 돌라는 의미예요.

좌의정

左(왼 좌) 議(의논할 의)
政(정사 정)

좌의정은 조선 시대의 벼슬 이름으로, 임금과 회의할 때 임금의 왼쪽에 섰어요. 임금의 오른쪽에도 신하가 있었는데, 그 신하는 '우의정'이라고 불렀지요. 좌의정과 우의정 위에는 으뜸 벼슬인 '영의정'이 있었어요.

우측통행

右(오른 우) 側(곁 측)
通(통할 통) 行(다닐 행)

우측통행은 길을 갈 때 오른쪽으로 다니는 것이고, '좌측통행'은 왼쪽으로 다니는 것이에요. 다니는 방향을 정해 놓는 건 오가는 사람들이 서로 부딪히지 않게 하기 위해서예요.

조선의 삼정승

조선 시대에는 좌의정, 우의정, 영의정이라는 벼슬이 있었어요. 이들은 나랏일을 하는 중요한 정승이어서 따로 구별해 '삼정승'이라고 불렀지요. 이들은 어떤 일을 했는지 알아볼까요?

〈조선의 의정부와 육조〉

우리나라의 교육부, 외교부, 통일부처럼 조선에도 나랏일을 맡아서 관리하는 부서들이 있었어요. 총 6개 부서로, 이조, 호조, 예조, 병조, 형조, 공조로 나누었지요. 그런데 이들 위에는 이들을 살피는 또 다른 부서가 있었어요. 바로 '의정부'예요. 영의정, 좌의정, 우의정은 바로 이 의정부에 속한 사람들이에요. 오늘날로 보면 국무총리 같은 사람들이지요. 삼정승은 왕과 가깝게 지내며 왕의 명령을 육조에 내리고, 백성들을 더 잘살게 할 방법은 없는지 궁리하였어요.

그런데 이렇게 중요한 삼정승은 어떻게 뽑았을까요? 만일 삼정승 중에 한 명이 물러나면, 다른 두 정승이 알맞은 사람을 후보로 추천했어요. 그러면 왕이 후보들 가운데 한 명을 선택해 정승으로 뽑았지요. 이렇게 선발된 정승은 왕의 뜻을 헤아리고 나랏일을 돌보기 위해 많이 노력했어요.

▲ 조선 시대에 삼정승을 두루 지낸 황희

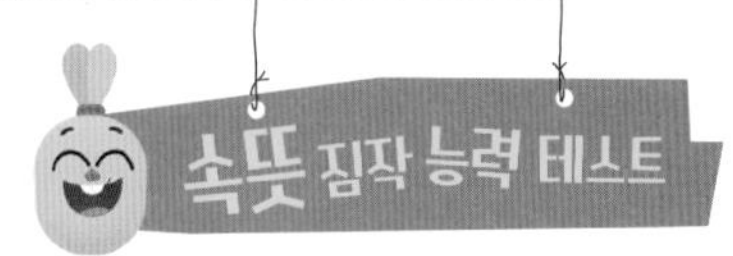

1 두 낱말의 관계가 상대적인 것을 모두 찾아 ○ 하세요.

좌회전 우회전	전진 후진	오전 오후	좌의정 임금	식전 식후

2 속뜻 짐작 빈칸에 알맞은 낱말을 보기에서 찾아 써 보세요.

○○○○년 ○월 ○일 날씨: 햇볕이 쨍쨍

얼마 전에 태어난 사촌 동생을 보러 갔다.

☐☐ 한 달밖에 안 되었는데,

눈을 동그랗게 뜨고 나를 보는 게 너무 귀여웠다.

○○○○년 ○월 ○일 날씨: 비가 죽죽

어제 외할머니께서 돌아가셨다.

장례식장에 있는데, 외할머니께서 ☐☐에 하신

말씀이 자꾸 떠올랐다. 벌써부터 외할머니가 보고 싶다.

보기 생전 생후 생신 생일

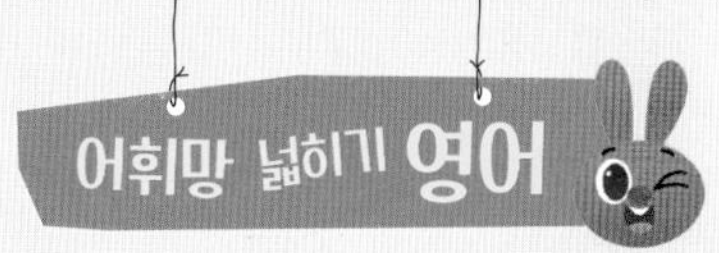

전, 후, 좌, 우는 방향을 나타내는 말이에요.
영어에도 전, 후, 좌, 우를 나타내는 말이 있는데, 함께 살펴보아요.

forward

forward는 '앞으로'라는 뜻이에요. '앞으로 가세요!'라고 말하려면 'Go forward, please!'라고 해요. 또는 'Forward!'라고 말하기도 해요.

left

left는 '왼쪽'이라는 뜻이에요. '왼손'은 left hand, '왼쪽 다리'는 left leg라고 하지요. 그리고 '왼쪽으로 돌아요!'라고 말하려면 'Turn left!'라고 해요.

right

right는 '오른쪽'이라는 뜻이에요. '오른손'은 right hand, '오른쪽 다리'는 right leg라고 하지요. 그리고 '오른쪽으로 돌아요!'라고 말하려면 'Turn right!'라고 해요.

3주 3일
학습 끝!

붙임 딱지 붙여요.

backward

backward는 '뒤로, 후방으로'라는 뜻이에요. '뒤로 가세요.'라고 말하려면 'Step backward, please.'라고 해요.

3주

의복(衣服) 관련 말 찾기

의복 衣服 (옷 의, 옷 복) clothes

- 복장 服裝
  - 교복
  - 군복
- 양복 洋服 suit
- 예복 禮服
- 전통 의상 傳統 衣裳
  - 한복
  - 기모노
  - 치파오
- 작업복 作業服
- 운동복 運動服
- 하복 夏服
- 춘추복 春秋服
- 동복 冬服

1 원시인이 숲속에서 옷을 잃어버렸어요. 팻말에서 설명하는 낱말을 따라가면 잃어버린 옷을 찾을 수 있어요. 원시인이 옷을 찾을 수 있게 도와주세요.

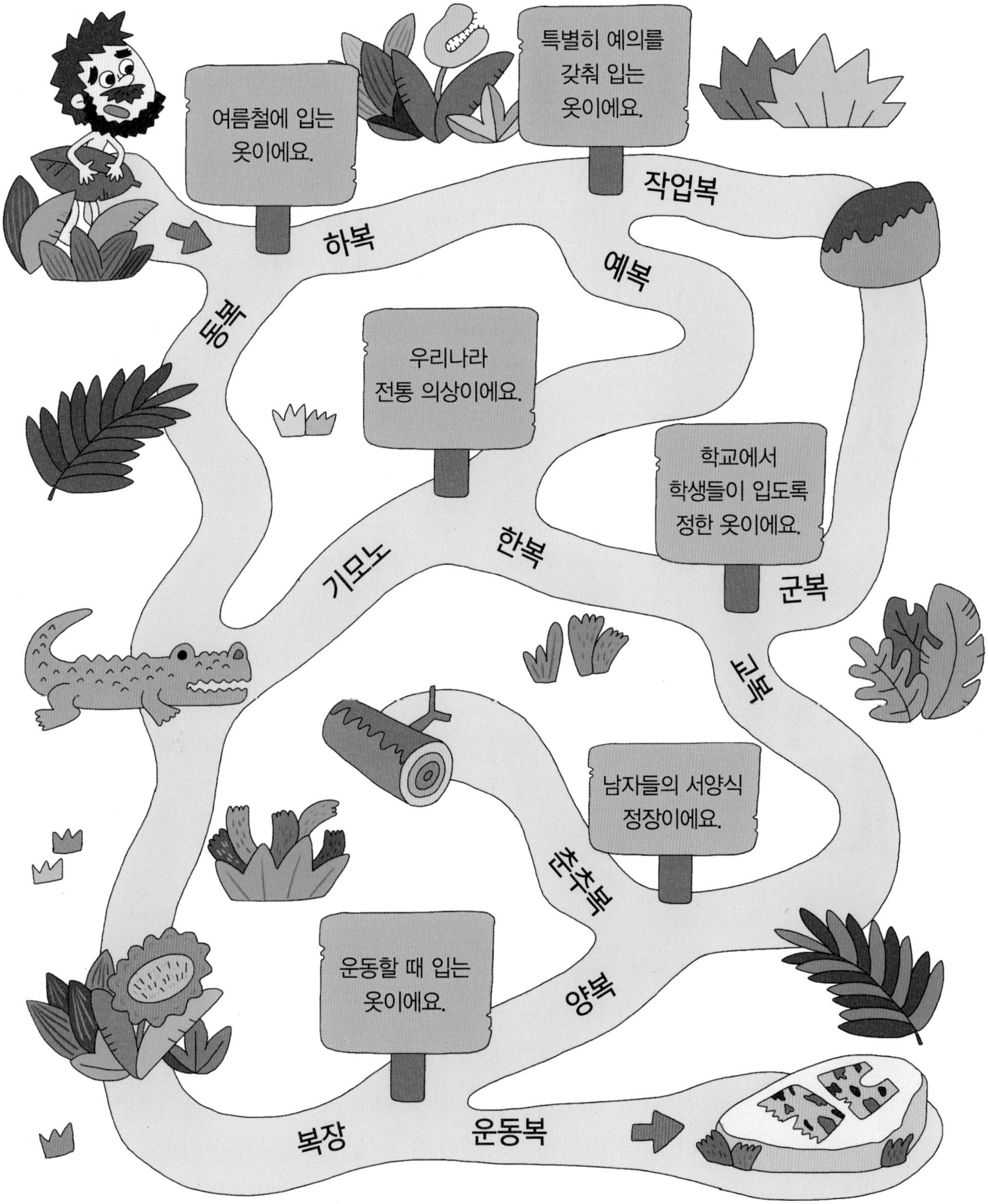

여름철에 입는 옷이에요.

특별히 예의를 갖춰 입는 옷이에요.

우리나라 전통 의상이에요.

학교에서 학생들이 입도록 정한 옷이에요.

남자들의 서양식 정장이에요.

운동할 때 입는 옷이에요.

하복 작업복 동복 예복 기모노 한복 군복 교복 춘추복 양복 복장 운동복

교과서 말 살피기

사람은 동물처럼 질긴 가죽이나 털이 없어서 옷을 입어야 몸을 보호할 수 있어요. 또 옷으로 나만의 멋을 뽐내기도 하지요. 옷은 한자어로 '의복(옷 의 衣, 옷 복 服)'이라고 해요. 의복에 대해 자세히 알아볼까요?

복장
服(옷 복) 裝(꾸밀 장)

복장은 옷(옷 복, 服)을 비롯해 몸을 꾸미는(꾸밀 장, 裝) 모든 것을 말해요. 고유어로는 '옷차림'이라고 하지요. 복장을 보면 여러 가지를 알 수 있어요. 먼저 날씨를 알 수 있어요. 따뜻하면 얇은 복장을 하고, 추우면 두꺼운 복장을 하거든요. 복장은 직업이나 신분도 알려 줘요. 학생은 교복을 입고 경찰은 경찰복을 입는 것처럼 사람들은 하는 일에 맞춰 옷을 입지요.

양복
洋(큰 바다 양) 服(옷 복)

정식으로 차려입은 옷은 '정장'이라고 해요. 남자 어른이 입는 정장은 서양에서 온 옷이어서 '큰 바다 양(洋)' 자를 붙여 양복이라고 불러요. 주로 셔츠에 바지와 재킷을 입고 넥타이를 매지요. 반면 여자가 입는 서양 정장은 '양장'이라고 해요. '큰 바다 양(洋)'과 '꾸밀 장(裝)' 자를 합친 말이에요. 양장에는 블라우스, 치마, 바지, 재킷, 원피스 등이 있어요.

예복
禮(예도 례/예) 服(옷 복)

예복은 특별한 행사를 치르거나 특별하게 예의(예도 례/예, 禮)를 갖출 때 입는 옷이에요. 대표적인 예복으로는 결혼할 때 신부가 입는 웨딩드레스나 신랑이 입는 턱시도가 있지요. 또 장례식에 갈 때 입는 검은 옷도 예복이에요. 예복은 시대나 나라마다 많이 다른데, 먼 옛날에 우리 민족은 거친 삼베로 만든 옷에 삼베로 만든 건을 머리에 쓰고 장례를 지냈답니다.

운동복/작업복

運(움직일 운) 動(움직일 동)
服(옷 복) 作(지을 작) 業(일 업)

운동복은 운동할 때 입는 옷으로, '체육복'이라고도 해요. 운동할 때에는 몸을 많이 움직이고 땀이 많이 나서, 잘 늘어나고 땀 흡수가 잘 되는 옷이 필요해요. 또 수영복이나 체조복, 등산복같이 운동에 따라 운동복을 다르게 만들기도 해요. 작업복 역시 일을 더 잘하도록 만든 옷이에요. 석탄을 캐는 광부들은 탄광에서 보다 편하고 안전하게 일할 수 있게 만든 옷을 입고, 해녀들은 물에서도 쉽게 해지지 않는 작업복을 입어요.

운동복 작업복

하복/동복

夏(여름 하) 服(옷 복)
冬(겨울 동)

우리는 날씨에 따라 다른 옷을 입어요. 하복은 여름(여름 하, 夏)에 입는 옷으로, 더위를 피할 수 있도록 얇고 시원한 천으로 만들어요. 반소매 티셔츠와 반바지 등이 하복에 속하지요. 봄(봄 춘, 春)과 가을(가을 추, 秋)에는 '춘추복'을 입어요. 너무 얇지 않은 긴소매 옷이나 가벼운 외투 등이 춘추복에 속해요. 추운 겨울(겨울 동, 冬)이 되면 두껍고 따뜻한 천으로 만든 동복을 입어요. 털실로 짠 스웨터와 두툼한 점퍼 등이 동복에 속해요.

하복 춘추복 동복

전통 의상

傳(전할 전) 統(거느릴 통)
衣(옷 의) 裳(치마 상)

혹시 다른 나라에 가서 그 나라의 전통 의상을 본 적이 있나요? 전통 의상은 예부터 전해 오는 옷으로, 그 나라의 문화가 담겨 있어요. 우리나라와 이웃 나라의 전통 의상을 알아볼까요?

한복(한국) 여자 한복은 저고리와 치마, 남자 한복은 저고리와 바지 등으로 이루어져요. 통이 커서 바람이 잘 통하며, 직선과 곡선이 아름답게 어우러져 있어요.

기모노(일본) 기모노는 같은 천을 여러 번 겹쳐 입는 옷으로, 움직임이 자유롭지 못해요. 그래서 기모노를 입으면 차분하게 걷게 되지요.

치파오(중국) 치파오는 몸에 딱 맞는 원피스로, 주로 여자들이 입어요. 치마에 긴 트임이 있어 움직이기에 편하고, 옷깃이 올라와 있어요.

1 그림에 있는 옷들을 모두 포함할 수 있는 낱말을 찾아 ○ 하세요.

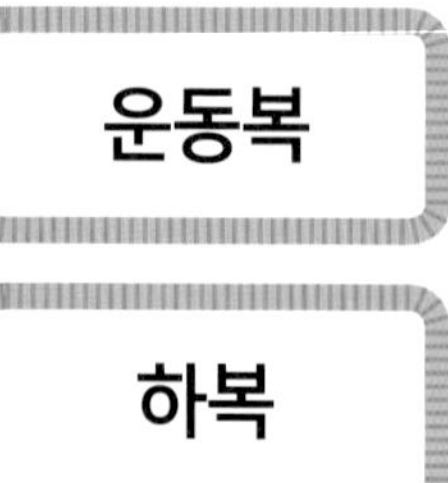

춘추복

작업복

예복

전통 의상

2 보기처럼 두 그림에 공통으로 들어가는 글자를 빈칸에 써 보세요.

우리는 매일 바지, 치마, 티셔츠 등 여러 가지 옷을 입어요.
우리가 입는 옷들을 영어로는 어떻게 부르는지 알아볼까요?

jacket

jacket 은 셔츠 위에 입는 '짧은 웃옷'이에요.

T-shirt

T-shirt는 '알파벳 T 자 모양을 닮은 소매가 있는 셔츠'예요.

shirt

shirt는 '가벼운 윗옷'으로, 목둘레에 길게 덧붙인 칼라가 있어요.

skirt

skirt는 '치마'예요. '짧은 치마'는 miniskirt라고 하고, '긴 치마'는 long skirt라고 해요.

3주 4일 학습 끝!
붙임 딱지 붙여요.

pants

pants는 '바지'예요. 바지 길이가 무릎 정도까지 내려오는 '반바지'는 shorts라고 해요. 바지는 오른쪽과 왼쪽으로 이루어져 있어서 -s를 붙여요.

socks

socks는 '양말'이에요. sock이라고 하면 '양말 한 짝'을 뜻해요. 양말 역시 두 짝이 한 쌍이어서 -s를 붙여 socks라고 해요.

QR 찍고 발음 듣기

15

공부한 날짜 월 일

3주

신체(身體) 관련 말 찾기

1 우리 몸과 관련된 낱말을 따라가면 피노키오도 우리처럼 사람이 될 수 있대요. 신체와 관련 있는 낱말을 따라 선을 이어 보세요.

가시 문
바람 온수
흙 TOY 줄기
피부 중앙
근육 나무
고무 공책 산
혈액 꼬리
뿌리 체온 체형 잎
체격
뼈 체중
열매 청각
가지 꽃
건물
수력 신장
바위 깃털
자석
CANDY
참새 망치

교과서 말 살피기

우리 몸은 겉으로 보이는 머리, 몸통, 팔다리 외에도 뼈와 근육, 혈액, 피부 등 수많은 부분이 있어요. 우리 몸, 신체(몸 신 身, 몸 체 體)에 대해 좀 더 자세히 알아보고 건강을 지키는 방법도 생각해 보아요.

외모
外(바깥 외) 貌(모양 모)

외모는 겉(바깥 외, 外)으로 보이는 모습을 말해요. 얼굴과 체격, 신장, 체중, 체형 등이 모두 외모의 일부분이지요. '얼굴'은 눈, 코, 입이 있는 머리의 앞면이고, '체격'은 겉으로 보이는 몸(몸 체, 體)의 뼈대예요. '신장'은 몸(몸 신, 身)의 길이(긴 장, 長)인 키를, '체중'은 몸의 무거운(무거울 중, 重) 정도인 몸무게를 말해요. '체형'은 몸의 전체적인 모양(틀/본보기 형, 型)을 뜻하며, 살집에 따라 뚱뚱한 체형, 마른 체형 등으로 말하기도 해요.

뼈/근육
筋(힘줄 근) 肉(고기 육)

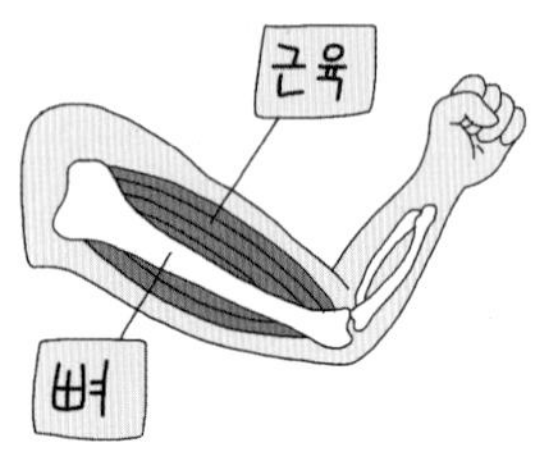

우리 몸은 뼈와 근육, 피부, 혈액 등으로 이루어져 있어요. **뼈**는 몸을 지탱하는 기둥으로, 몸을 서 있게 해요. **근육**은 뼈를 감싸고 있는 살(고기 육, 肉)과 힘줄(힘줄 근, 筋)이에요. 근육 덕분에 우리 몸은 움직일 수 있어요. 온몸을 덮고 있는 '피부'는 몸을 보호하고 몸의 온도를 조절해 주는 것으로, '살갗'과 비슷한말이에요. 피부 안에는 진득한(진액 액, 液) 피(피 혈, 血)가 흐르는데, 이것을 '혈액'이라고 해요. 혈액은 우리 몸 곳곳에 영양분과 산소를 전달해요.

건강
健(건강할 건) 康(편안할 강)

건강은 우리 몸이 아프지 않고(건강할 건, 健) 편안한(편안할 강, 康) 거예요. 몸이 건강하려면 음식을 골고루 먹어야 해요. 그래야 몸에 필요한 영양분을 몸속에 부지런히 들여보낼 수 있거든요. 운동을 하는 것도 몸을 건강하게 해요. 또한 외출하고 들어온 뒤에는 손과 발을 깨끗이 씻고, 식사를 한 뒤에는 양치질을 잘해야 우리 몸이 건강해져요.

체온

體(몸 체) 溫(따뜻할 온)

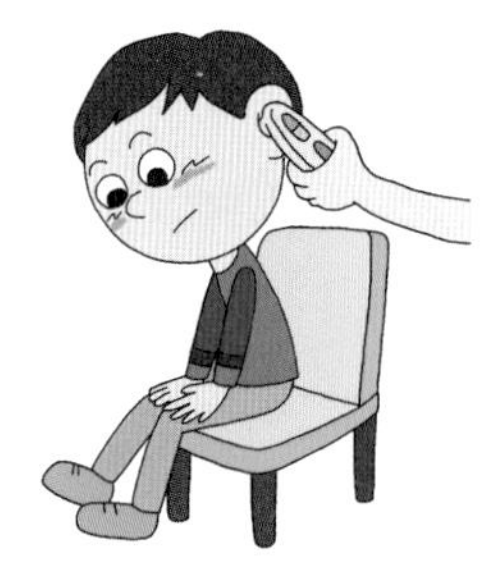

병원에 가면 가장 먼저 체온을 재지요? 체온은 몸이 건강한지 알 수 있는 기준으로, 몸(몸 체, 體)의 온도를 뜻해요. 우리 몸은 체온이 36~37도 사이일 때 건강해요. 그래서 추운 겨울철에는 두꺼운 옷을 입거나 보일러 같은 난방 기구를 틀어 체온을 보호하고, 더운 여름철에는 얇은 옷을 입거나 선풍기를 틀어 체온이 올라가지 않도록 해요. 우리가 땀을 흘리는 것도 체온이 오르지 않도록 조절하는 것이지요. 이렇듯 체온은 건강과 떼려야 뗄 수 없을 만큼 중요해요.

오감

五(다섯 오) 感(느낄 감)

오감은 우리 몸이 느낄 수 있는 다섯 가지(다섯 오, 五) 느낌(느낄 감, 感)이에요. 오감에는 시각, 청각, 미각, 후각, 촉각이 있어요.

체력

體(몸 체) 力(힘 력)

체력은 몸(몸 체, 體)을 움직이게 하는 힘(힘 력, 力)이에요. 눈이나 귀의 건강과 함께 몸을 얼마나 오래 잘 움직일 수 있는지도 체력에 포함되지요. 체력이 좋으면 활기차게 생활할 수 있고 스스로를 병균으로부터 보호할 수 있어요. 반면 체력이 떨어지면 몸을 움직이기 싫고 병에 걸리기도 쉬워요. 그래서 체력이 떨어지지 않도록 꾸준히 노력해야 해요.

1 다음 물건은 각각 어떤 감각과 관련이 있는지 선으로 이어 보세요.

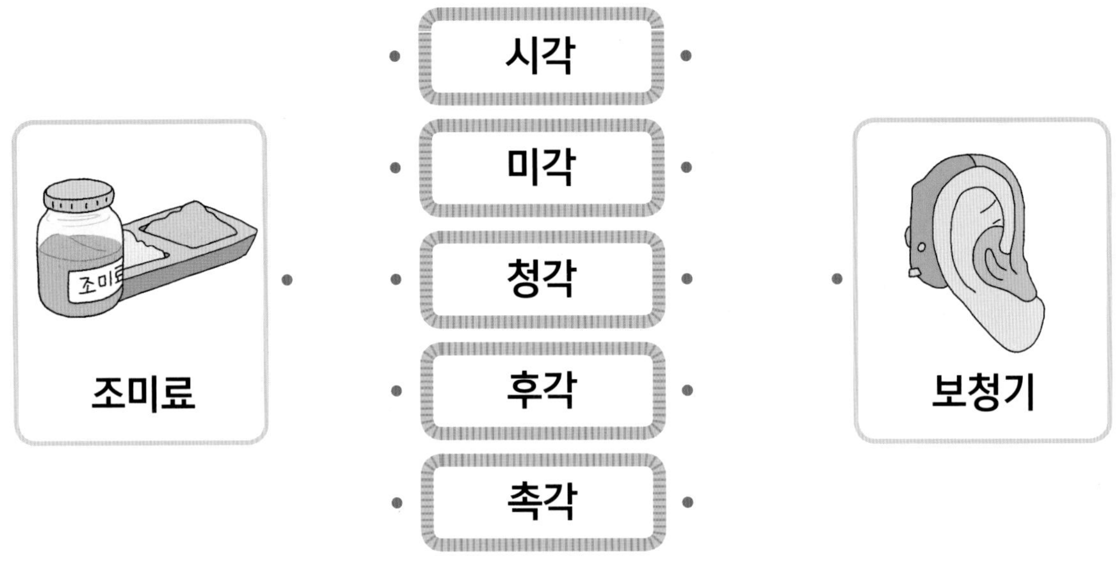

2 다음 중 '외모'와 관련이 없는 것은 무엇인가요? (　　　)

① 얼굴　　② 혈액　　③ 체형　　④ 신장

3 속뜻 짐작 다음은 우리 몸과 관련이 있는 낱말들이에요. 각각의 낱말들과 알맞은 설명을 선으로 이어 보세요.

체격	몸의 골격
체온	몸의 온도
체중	몸이 가지고 있는 힘
체력	몸이 느끼는 온도
체감 온도	몸의 무게

우리 몸에는 얼굴, 팔, 다리 등 여러 부분이 있어요.
우리 몸의 각 부분들을 영어로 어떻게 말하는지 알아보아요.

face

face는 '얼굴'이에요.
'동그란 얼굴'은
round face라고 해요.

head

head는 '머리'예요.
앞쪽 머리인 '이마'는
forehead라고 해요.

hand

hand는 '손'이에요.
'오른손'은 right hand,
'왼손'은 left hand이지요.

neck

neck은 '목'이에요.
'나는 목이 길어요.'는
'My neck is long.'이라고
말해요.

3주 5일
학습 끝!
붙임 딱지 붙여요.

arm

arm은 '팔'이에요.
'팔을 들어!'는 'Raise your
arm!'이라고 말해요.

shoulder

shoulder는 '어깨'예요.
'어깨를 흔들어!'는
'Shake your
shoulders!'라고 해요.

leg

leg는 '다리'예요.
'긴 다리'는 long leg,
'짧은 다리'는
short leg이지요.

foot

foot은 '발'이에요.
'발가락'은
toe라고 해요.

knee

knee는 '무릎'이에요.
'무릎을 다쳤어요.'는
'I hurt my knee.'라고
말해요.

QR 찍고 발음 듣기

3주 같은 소리를 내는 '이구동성'

이구동성(다를 이 異, 입 구 口, 한가지 동 同, 소리 성 聲): 입은 다르지만 하는 말은 같다는 뜻으로, 여러 사람이 같은 의견이라는 의미예요.

contents

토잉이와 함께
끝까지 해 보자고!

PART 3

PART3에서는 소리나 뜻이 비슷해서
헷갈리기 쉬운 낱말들을 비교하며 배워요.

수(數)와 수(水) 비교하기

수 數 셈 수 calculation

- 산수 算數
- 정수 整數
- 점수 點數 score
- 액수 額數
- 인원수 人員數
- 횟수 回數

수 水 물 수 water

- 산수 山水
- 정수 淨水
- 수중 水中
- 수상 水上

1 빈칸에 들어갈 낱말의 소리가 같은 것끼리 선으로 이어 보세요.

2 그림을 보고 빈칸에 공통으로 들어가는 글자를 골라 ○ 하세요.

적정 인원☐

체력 측정 기록

종목	측정치
턱걸이 횟수	12개
멀리뛰기 거리	1m
윗몸 일으키기 횟수	20개

윗몸 일으키기 횟☐

수학 점☐

선	상	산	양	수	점	가	액

산수 vs 산수

算(셈 산) 數(셈 수)
山(산 산) 水(물 수)

똑같이 '산수'라고 읽지만 전혀 다른 뜻을 가진 낱말이 있어요. '셈 수(數)' 자가 들어간 **산수**는 수로 계산하는 것을 말해요. 또 수의 성질이나 계산법을 배우는 과목 이름이기도 해요. 반면 '물 수(水)' 자가 들어간 **산수**는 산과 물이 어우러진 자연 풍경을 일컬어요. 그래서 자연 경치를 그린 그림을 '산수화'라고 해요.

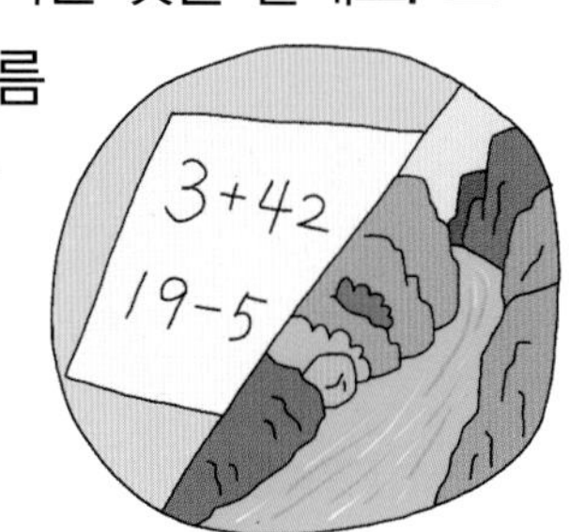

정수 vs 정수

整(가지런할 정) 數(셈 수)
淨(깨끗할 정) 水(물 수)

'셈 수(數)' 자가 들어간 **정수**는 −2, −1, 0, 1, 2…… 같은 수를 통틀어 일컬어요. 반면 '물 수(水)' 자가 들어간 **정수**는 깨끗한(깨끗할 정, 淨) 물을 뜻하지요. 집이나 학교 등에 있는 '정수기'는 수돗물을 마실 수 있을 만큼 깨끗하게 걸러 주는 기구예요.

점수/액수

點(점 점) 數(셈 수)
額(이마 액)

점수는 성적을 나타내는 숫자예요. 시험을 보고 나서 여러분이 얼마나 잘했는지 숫자로 나타낸 게 바로 점수이지요. **액수**는 돈이 얼마나 되는지 나타낸 수예요. 물건 가격을 비롯해서, 돈의 정도를 표현한 수가 액수예요. 이와 비슷하게, '인원수'는 사람이 얼마나 있는지 나타낸 수이고, '횟수'는 돌아오는 차례를 나타낸 수예요.

수상/수중

水(물 수) 上(위 상)
中(가운데 중)

수상은 물(물 수, 水)의 위(위 상, 上)를 말해요. 그래서 '수상 가옥'은 물 위에 지은 집이고, '수상 교통'은 강이나 바다 등 물을 통해 이동하는 탈것이에요. '수상 스포츠'는 수상 스키같이 물 위에서 하는 운동이지요. 반면에 **수중**은 물속(가운데 중, 中)을 뜻해요. '수중 탐사'라고 하면 물속에 들어가서 조사하는 거예요.

세계 여러 나라의 집

집은 추위와 더위를 피하고, 눈이나 비바람 그리고 맹수로부터 우리를 보호해요. 그래서 세계에는 각 나라의 기후와 자연환경에 맞는 다양한 집들이 있지요. 세계의 여러 집 가운데 눈에 띄는 독특한 집들을 만나 볼까요?

물 위의 집, 수상 가옥

수상 가옥은 물 위에 지은 집이에요. 베트남, 미얀마, 타이 등 주로 열대 지방에 사는 사람들이 짓고 살아요. 무더운 날씨가 일 년 내내 계속되는 열대 지방에서는, 바다나 강, 호수 위에 집을 지어서 무더위와 해충을 피해요.

옮겨 다니는 집, 게르

게르는 몽골족의 전통 집이에요. 나무로 뼈대를 만들고 그 위에 두꺼운 천이나 가죽을 덮어 게르를 짓지요. 게르는 쉽게 분리하고 조립할 수 있는 이동식 집이에요. 몽골 사람들은 가축에게 먹일 풀을 찾아 이곳저곳 떠돌아다니기 때문에 쉽게 옮길 수 있는 이동식 집이 필요했어요.

얼음으로 지은 집, 이글루

눈과 얼음뿐인 북극에서는 얼음을 쌓아 이글루를 지어요. 이글루는 북극에 사는 이누이트가 사냥을 나갔을 때 눈보라를 피하고 잠시 머물기 위해 짓는 집이지요. 이글루는 바깥의 찬 공기가 들어오지 않고 안쪽의 따뜻한 공기가 새어 나가지 않아서 매서운 추위를 피하는 데 안성맞춤이에요.

1 밑줄 친 낱말과 관련이 있는 그림을 찾아 ○ 하세요.

조선의 화가 정선은 우리나라 경치를 담은 **산수화**를 잘 그렸어요.

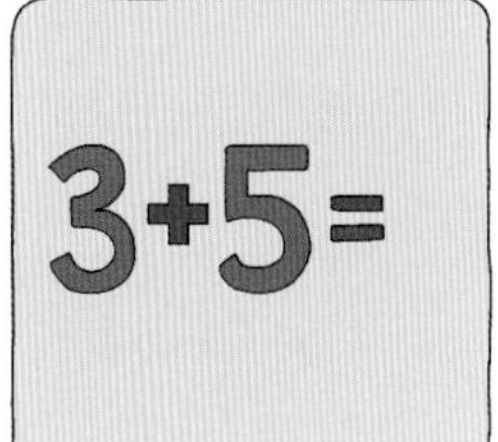

정수가 적혀 있는 판을 이용해 빙고 놀이를 해요.

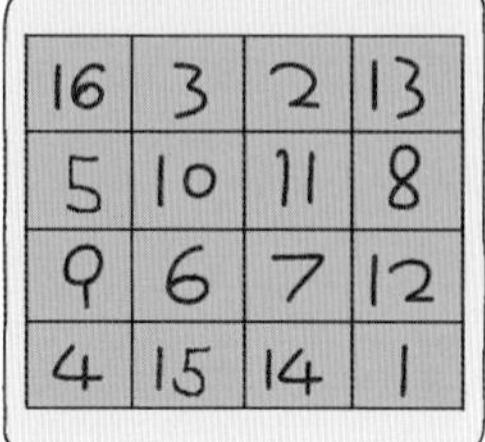

16	3	2	13
5	10	11	8
9	6	7	12
4	15	14	1

2 (　　) 안의 두 낱말 중 문장에 어울리는 것에 ○ 하세요.

① 

현재 경기 (**점수 / 횟수**)는 9 대 5예요.

② 

저금해 둔 (**인원수 / 액수**)는 57,000원이에요.

3 속뜻 짐작 어부가 물고기를 잡고 있어요. 물과 관련 있는 낱말이 적힌 물고기들을 모두 찾아 낚싯줄에 연결해 보세요.

한강은 우리나라의 가운데를 흐르는 강으로, 옛날부터 중요하게 여겼어요. 역사 속 한강의 이름을 함께 알아보아요.

아리수

삼국 시대에 세워진 고구려의 광개토 대왕릉비에는 한강이 '아리수'라고 기록되어 있어요. '아리'는 크다는 뜻을 지닌 고유어로, 아리수는 '커다란 물'을 뜻하지요. '아리수'라는 이름은 오늘날에도 사용되고 있어요. 서울시에서는 깨끗하게 만든 한강 물을 수돗물로 사용하고 있는데, 이 수돗물의 이름이 바로 아리수랍니다.

4주 1일
학습 끝!
붙임 딱지 붙여요.

한수, 한가람

삼국 시대에 고구려 사람들이 한강을 아리수라고 불렀던 반면, 백제 사람들은 한강을 '한수' 또는 '한강'이라고 불렀어요. 훗날 조선 사람들은 한강을 '한수' 또는 '한가람'으로 불렀지요. 한수와 한가람의 '한'은 '크다'라는 뜻과 '신성하다'라는 뜻을 지녔고, '가람'은 강의 고유어예요. 이후 '한강'은 그 강을 부르는 정식 이름이 되었어요.

목(目)과 목(木) 비교하기

목 目 눈 목 — eye, look

- **제목** 題目 — title
- **목격자** 目擊者
- **안목** 眼目
- **맹목** 盲目

목 木 나무 목 — tree

- **재목** 材木
- **식목일** 植木日
- **목탑** 木塔
- **목각 인형** 木刻 人形
- **목탁** 木鐸

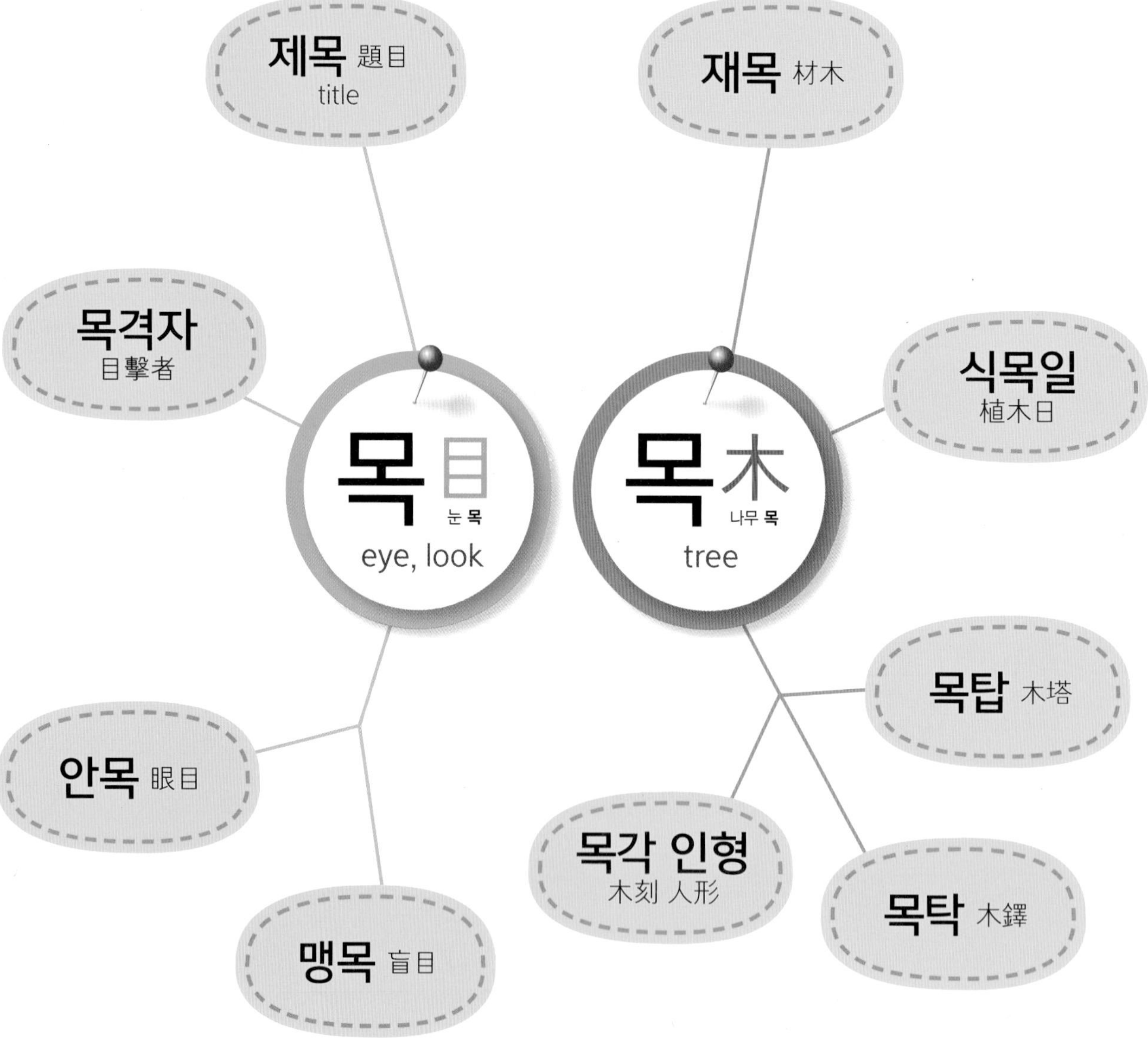

1 (   ) 안의 두 낱말 중 문장에 어울리는 것에 ○ 하세요.

윗집 할아버지가 "넌 씩씩해서, 크면 우리나라의
훌륭한 **(제목 / 재목)**이 되겠구나."라고 하셨어요.
내가 책도 아니고 노래도 아닌데, 무슨 **(제목 / 재목)**이
된다는 거지요? 아무리 생각해도 이해가 안 돼요.

2 그림을 살펴보고, 빈칸에 들어갈 글자를 직접 써 보세요.

	탑

	탁

	각	인	형

3 숲속 동물들이 수수께끼를 내고 있어요. 문제를 잘 읽고, 알맞은 답을 외친 동물을 찾아 ○ 하세요.

제목 vs 재목

題(제목 제) 目(눈 목)
材(재목 재) 木(나무 목)

책이나 노래에 붙이는 **제목**은 작품이 담고 있는 것을 한눈에 알게 해 주는 이름이에요. 제목을 보면 그 책이나 노래, 그림에 어떤 생각이 담겨 있는지 짐작할 수 있지요. 한편 '제목'과 소리가 비슷한 **재목**은 건축물 등을 만들 때 필요한 나무(나무 목, 木) 재료(재목 재, 材)예요. 뛰어난 능력을 가진 사람에게도 쓰지요. '저 학생은 장차 과학계를 이끌 재목이야.'처럼요.

목격자

目(눈 목) 擊(칠 격) 者(사람 자)

목격자는 어떤 일을 눈(눈 목, 目)으로 직접 본 사람이에요. 길에서 '교통사고 목격자를 찾습니다!'라고 쓴 천을 본 적이 있지요? 이것은 교통사고가 났을 때 직접 본 사람을 찾는다는 말이에요.

안목/맹목

眼(눈 안) 目(눈 목)
盲(소경 맹)

안목은 어떤 일이나 물건을 보고 좋은지 나쁜지 가리는 능력이에요. 물건을 보고 좋은지 나쁜지 잘 가려내는 사람한테 '안목이 좋다.'고 해요. 반대로 **맹목**은 눈이 멀어(소경 맹, 盲) 아무것도 볼 수 없는 것을 뜻해요. 그래서 '맹목적이다.'라고 하면, 알맞은 판단을 하지 못한다는 뜻이에요.

식목일

植(심을 식) 木(나무 목)
日(날 일)

식목일은 나무(나무 목, 木)를 심는(심을 식, 植) 날(날 일, 日)이에요. 우리나라는 식목일을 4월 5일로 정해 나무를 많이 심고 가꾸게 하지요. 이렇게 나무를 심는 행사는 1872년 4월 10일, 미국 네브래스카주에서 시작됐어요.

목탑/목탁

木(나무 목) 塔(탑 탑)
鐸(방울 탁)

목탑은 나무로 만든 탑이에요. 탑은 돌이나 벽돌, 나무 등을 높이 쌓아 만들지요. 스님들이 사용하는 **목탁**은 나무를 둥글게 깎고 그 속을 파서 방울(방울 탁, 鐸)처럼 만든 기구예요. 또한 장난감 가게에 있는 '목각 인형'은 나무를 깎고 모양을 새겨(새길 각, 刻) 만든 인형이에요.

조선의 선비들이 좋아한 '사군자'

여러분은 특별히 좋아하는 나무나 식물이 있나요? 먼 옛날, 조선의 선비들은 매화, 난초, 국화, 대나무를 좋아했어요. 이 네 가지 식물이 어진 군자와 닮았다고 여겼거든요. 그래서 이 네 가지(넉 사, 四) 식물을 따로 묶어 '사군자'라고 불렀어요. 그럼 사군자의 어떤 부분이 군자와 닮았는지 살펴볼까요?

이른 봄에 꽃을 피우는 '매화'

매화는 매실나무에서 피는 꽃이에요. 이른 봄, 눈이 채 녹기 전에 꽃을 피우지요. 매서운 추위에도 굴하지 않는 모습이 군자의 정신과 닮았어요. (그림: 이정, 〈매화〉, 조선 시대)

은은한 향기를 널리 퍼뜨리는 '난초'

난초는 깊은 산속에 조용하게 피어나서 은은한 향기를 널리 퍼뜨려요. 이러한 난초는 자랑하지 않아도 세상에 알려지는 군자의 모습과 닮았어요. (그림: 허옥, 〈난초〉, 조선 시대)

늦은 가을에 조용히 피는 '국화'

국화는 늦은 가을, 다른 꽃들이 진 뒤에 조용히 꽃을 피워요. 남과 다투어 뽐내지 않는 겸손함과 찬 서리를 맞으면서도 꿋꿋하게 피는 강한 모습이 군자와 닮았어요.

(그림: 장문도, 〈국화〉, 조선 시대)

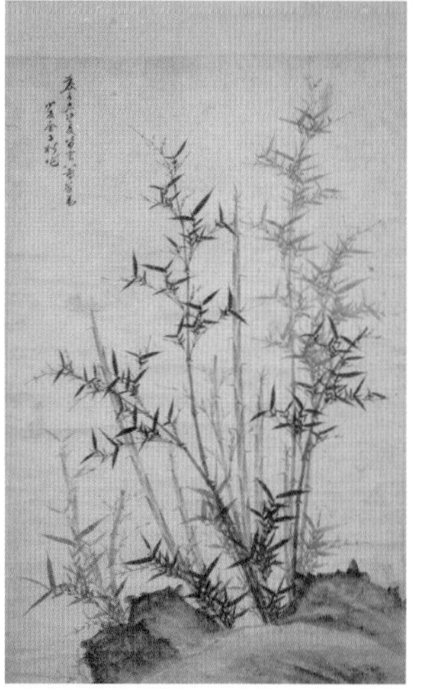

푸른빛을 잃지 않는 '대나무'

대나무는 속이 텅 빈 채로 곧게 자라요. 또 추운 겨울에도 푸른 빛을 잃지 않지요. 곧고 푸른 대나무는 꿋꿋하고 욕심을 부리지 않는 군자의 모습을 닮았어요.

(그림: 유덕장, 〈대나무〉, 조선 시대)

1 각각의 그림과 관련이 있는 낱말을 찾아 선으로 이어 보세요.

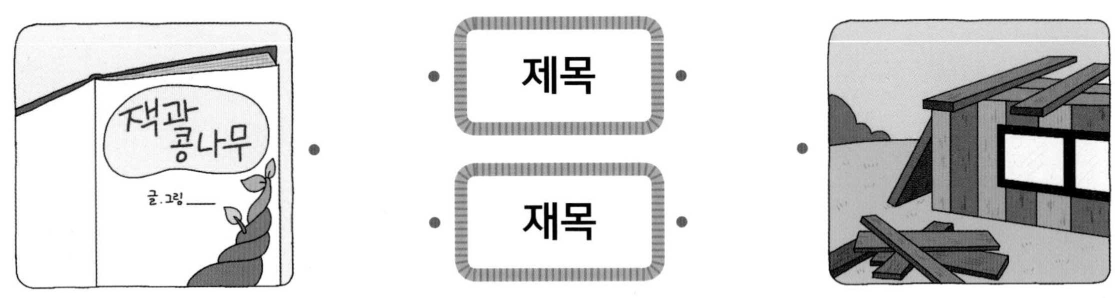

2 속뜻 짐작 토끼와 곰의 안내에 따라, 기차의 빈칸에 알맞은 붙임 딱지를 붙여 보세요.

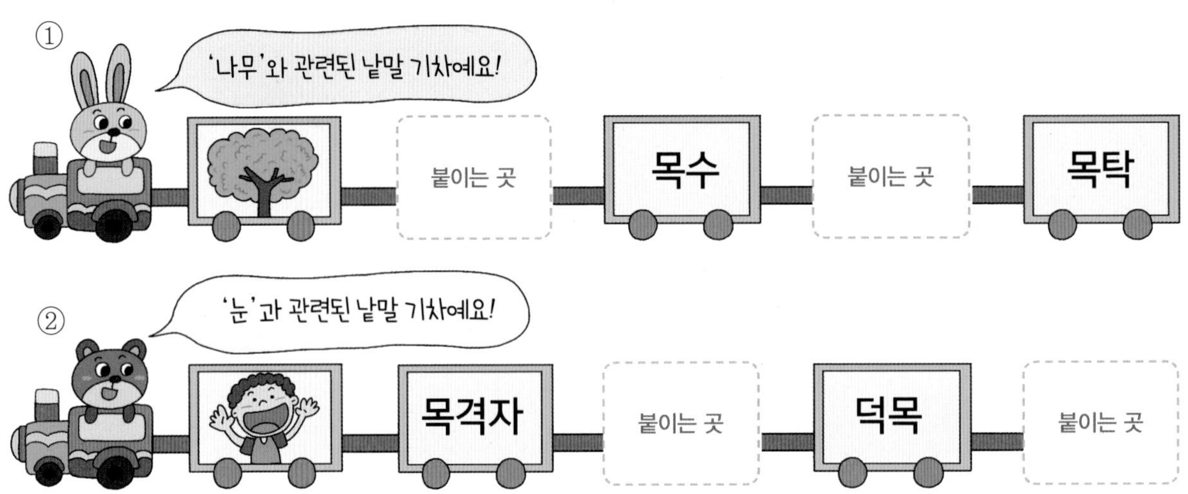

3 속뜻 짐작 빈칸에 알맞은 낱말을 써 보세요.

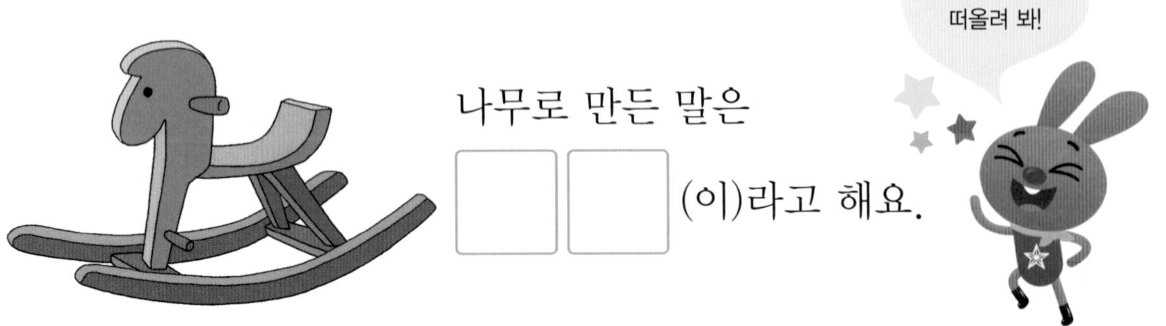

**나무는 뿌리, 몸통, 나뭇가지, 잎 등으로 이루어져 있어요.
나무의 각 부분을 영어로 어떻게 부르는지 알아볼까요?**

leaf leaf는 '잎'이에요. 잎은 나무나 꽃 같은 식물의 줄기에 붙어 있어요. 땅에 떨어진 '낙엽'은 fallen leaves라고 해요.

trunk

trunk는 '나무의 몸통'이에요. '코끼리 코'도 나무의 몸통처럼 생겨서 trunk라고 해요.

branch

branch는 '나뭇가지'예요. 나뭇가지는 나무의 줄기에서 뻗어 나온 가지이지요. '레몬 나뭇가지'는 branch of a lemon tree라고 말해요.

root root는 '뿌리'예요. 보통 나무나 꽃 같은 식물의 맨 아랫부분에 있어요.

4주 2일 학습 끝!
붙임 딱지 붙여요.

흉내 내는 말 살피기

개굴개굴

개구리가 개울가에서 개굴개굴 울어요.
개구리가 신이 나서 개굴개굴 노래해요.

봄이 되어 날씨가 따뜻해지면 쿨쿨 겨울잠을 자던 동물들이 하나둘 깨어나요. 곰도 깨어나고 뱀도 깨어나고 개구리도 깨어나지요. 겨울잠에서 깬 개구리는 땅으로 나와 개굴개굴 울어요. 개굴개굴은 개구리가 잇따라 우는 소리를 흉내 낸 말이지요. 개골개골도 개구리의 울음소리를 흉내 낸 말로, 개굴개굴보다 작은 느낌을 주어요.

으르렁

호랑이가 사람들을 보고 으르렁대요.
그 둘은 만나기만 하면 으르렁거려요.

으르렁은 크고 사나운 동물이 세차게 외치거나 울부짖는 소리를 흉내 낸 말이에요. 호랑이나 곰, 큰 개 같은 동물이 울부짖는 소리나 모양을 흉내 낼 때 '으르렁'이라고 표현하지요. '큰 개가 으르렁대다.', '곰이 으르렁거리다.'처럼 쓸 수 있어요. 간혹 사람이 동물 못지않게 크게 소리를 치거나 다툴 때에도 '으르렁'이라고 표현해요. 두 사람이 자주 다투면 '그 둘은 만나기만 하면 으르렁거려.'라고 말하고, 자주 싸우는 사람에게는 '밤낮 으르렁댄다.'고 해요.

1 초성을 참고하여 빈칸에 들어갈 말을 직접 써 보세요.

개구리가 ㄱ ㄱ ㄱ ㄱ 울어요.

사람들이 화가 난 듯 ㅇ ㄹ ㄹ 거려요.

2 다음 소리는 어떤 그림에 어울리는지 선으로 이어 보세요.

우당탕

물건들이 우당탕 떨어졌어요.
아이들이 교실 밖으로 우당탕 뛰어나가요.

우당탕은 잘 울리는 바닥에 물건이 시끄럽게 떨어지거나 부딪치는 소리를 흉내 낸 말이에요. 바닥을 시끄럽게 뛰어다닐 때에도 '우당탕'이라고 표현하고, 사람들이 소란스럽게 움직일 때에도 '우당탕'이라고 하지요. 우당탕은 '우당탕거리다', '우당탕하다', '우당탕대다'라고 쓸 수 있어요. '낡은 차가 우당탕거리며 산길을 올라갔어요.', '위층에서 우당탕대는 바람에 아기가 깼어요.'처럼요. '우당탕'보다 시끄럽고 요란스럽게 떨어지거나 부딪치는 소리는 '우당탕퉁탕'이라고 표현하기도 해요.

흑흑

아이가 흑흑 소리 내어 울어요.
아버지가 죽은 아이를 안고 흑흑거려요.

흑흑은 슬픔이 매우 커서 숨을 거칠게 내쉬며 우는 소리를 흉내 낸 말이에요. 또 몹시 찬 기운이 몰아쳐 거칠게 숨 쉬는 소리를 나타내기도 하지요. '흑흑거리다', '흑흑대다', '흑흑하다'라고 쓸 수 있어요. '억울한 마음을 감추지 못한 채 흑흑거리다.', '갑자기 슬픔이 몰려와 흑흑대다.'처럼요. '흑흑'과 비슷한 표현으로 '흘흘'이 있어요.

1 그림을 보고 (   ) 안의 두 낱말 중 알맞은 것에 ○ 하세요.

① 아이들이 슬퍼서
(흑흑 / 히죽히죽) 울어요.

② 자전거가 갑자기
(엉금엉금 / 우당탕) 쓰러졌어요.

③ 대문을 **(우당탕 / 스르륵)** 열고
거인이 불쑥 들어왔어요.

④ 아이는 **(흑흑 / 끅끅)**
숨이 턱에 닿도록 달렸어요.

2 속뜻 짐작 흉내 내는 말들 가운데, 그림과 어울리는 것을 선으로 이어 보세요.

윙윙

벌이 윙윙거리며 꽃밭을 날아다녀요.
선풍기가 윙윙 돌아가요.

윙윙은 조금 큰 벌레나 물체가 잇따라서 매우 빠르고 세차게 날아가는 소리를 흉내 낸 말이에요. 바람이 물건이나 줄 등에 잇따라서 세게 부딪칠 때, 큰 기계가 돌아갈 때에도 윙윙 소리가 난다고 표현하지요. 윙윙은 '윙윙하다', '윙윙대다', '윙윙거리다'라고 쓸 수 있어요. '바람 때문에 전선이 계속 윙윙거렸다.', '세탁기가 윙윙대며 돌아간다.'처럼요.

쉭쉭

자전거 바퀴에서 바람이 쉭쉭 빠져요.
화살이 천막 안으로 쉭쉭 날아들었어요.

쉭쉭은 공기나 입김 같은 바람이 좁은 구멍으로 자꾸 새어 나오는 소리를 흉내 낸 말이에요. 휘파람을 제대로 불지 못할 때 입에서 쉭쉭 소리가 나지요. 혹은 주전자에서 물이 끓을 때 좁은 구멍으로 쉭쉭 소리가 나요. 이 외에도 쉭쉭은 여럿이 빠르게 지나가는 소리나 모양을 흉내 낼 때 써요. '아이가 쉭쉭 지나갔다.', '중요한 장면이 쉭쉭 지나갔다.'처럼요. 쉭쉭은 '쉭쉭거리다', '쉭쉭대다', '쉭쉭하다'라고 쓸 수 있어요.

1 다음 소리에 어울리는 그림 두 가지를 붙임 딱지에서 찾아 붙여 보세요.

4주 3일 학습 끝!

붙임 딱지 붙여요.

2 그림을 보고 어울리는 낱말을 찾아 선으로 이어 보세요.

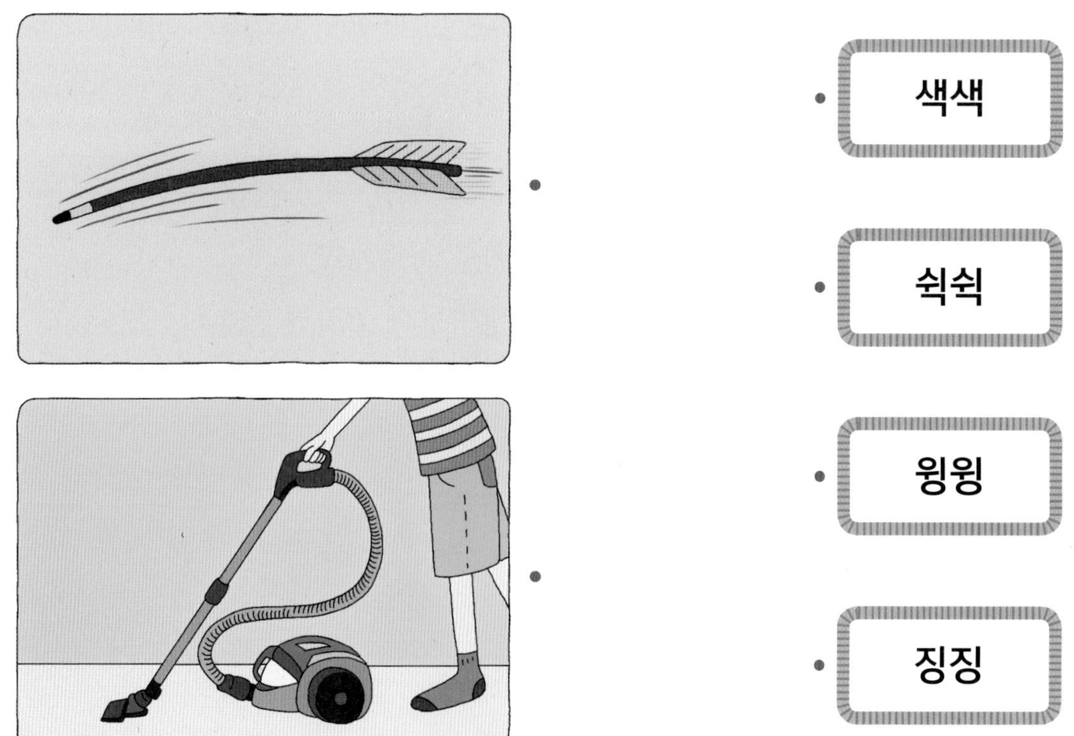

19 4주

헷갈리는 말 살피기

공부한 날짜 월 일

가리키다

선생님이 칠판을 가리켜요.
시곗바늘이 12시를 가리켜요.

가리키다는 손가락이나 막대 등으로 어떤 물건이나 사람 등을 볼 수 있게 알리는 거예요. '선생님이 칠판을 가리켜요.'라고 하면, 선생님이 손가락을 칠판 쪽으로 뻗어 학생들이 칠판을 보게 하는 거예요. '가리키다'는 방향이나 시간을 알릴 때도 써요. '나침반이 북쪽을 가리킨다.'라고 하면 나침반 바늘이 북쪽을 향한다는 것이고, '시곗바늘이 12시를 가리켜요.'라고 하면 시곗바늘이 12시를 향하는 거예요.

가르치다

선생님이 우리를 가르쳐요.
아버지께서 정직하게 살라고 가르치셨어요.

가르치다는 지식이나 새로운 사실 등 모르는 것을 알려 주는 거예요. '친구가 공기놀이를 가르쳐 줬어.'라고 하면 친구가 공기 알로 노는 방법을 알려 준 거예요. '선생님은 우리를 가르쳐요.'라고 하면 선생님이 우리에게 지식을 알려 주는 것이고요. 이 외에 가르치다는 어떤 일의 옳고 그름을 깨닫게 하거나 잘못된 버릇 등을 고쳐 줄 때도 써요. '어머니께서는 돈을 아껴 쓰라고 가르치셨어.'라고 하면 어머니가 알뜰하게 사는 태도를 갖게 했다는 뜻이에요.

1 빈칸에 알맞은 낱말과 뜻풀이를 찾아 선으로 이어 보세요.

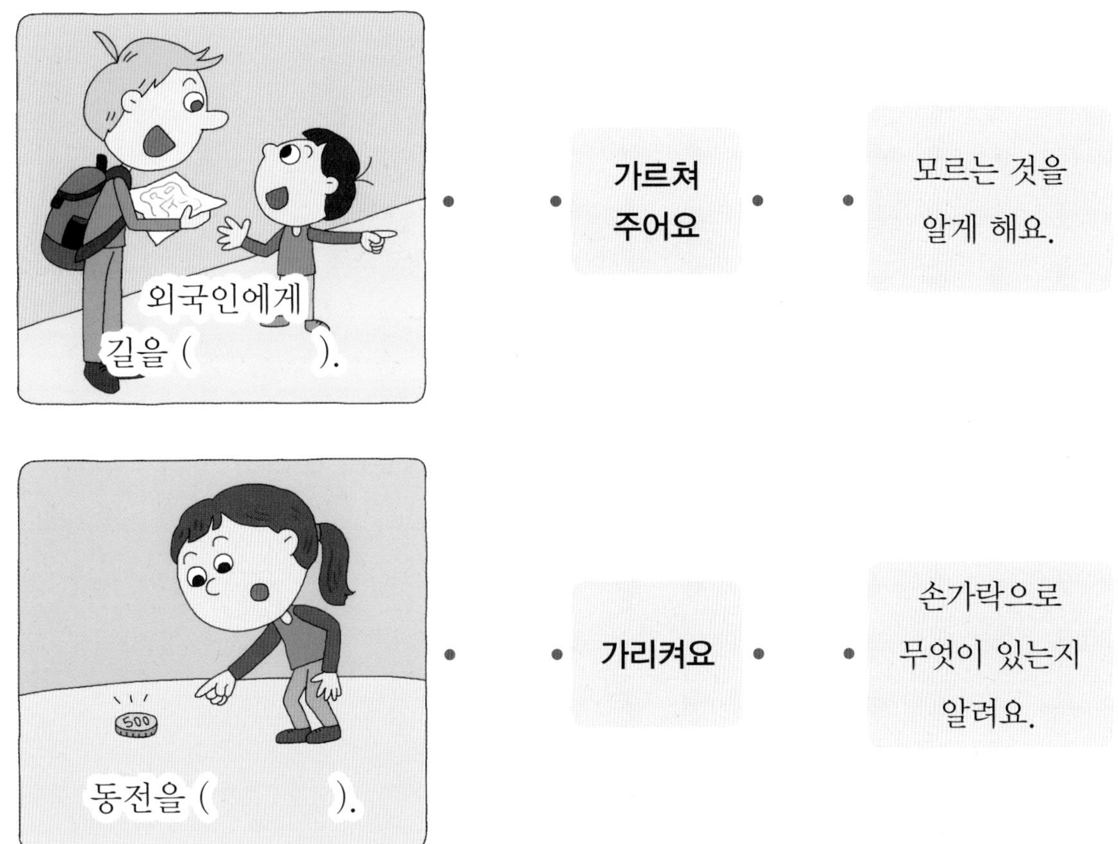

2 (   ) 안의 두 낱말 중 알맞은 것에 ○ 하세요.

① 선장이 깜빡이는 등대를 (**가리키며 / 가르치며**) 외쳤어요.

② 선생님은 우리에게 수학을 (**가르치셨어요 / 가리키셨어요**).

③ 나침반 바늘이 동쪽을 (**가르쳤어요 / 가리켰어요**).

④ 친구는 나에게 비밀 한 가지를 (**가리켜 / 가르쳐**) 주었어요.

⑤ 남을 (**가리키려면 / 가르치려면**) 나 먼저 바르게 살아야 해요.

낫다

나무에 찔린 상처가 낫다.
밖에서 놀기엔 겨울보다 여름이 낫다.

낫다는 병이나 상처 등이 고쳐져 원래대로 되는 거예요. '감기가 다 나았어요.'처럼 쓸 수 있어요. 또 '낫다'는 서로 비교해서 더 좋거나 앞서는 것을 뜻하기도 해요. '나는 치킨보다 피자가 낫다.'처럼 쓸 수 있어요.

낮다

어린이집 계단은 다른 건물보다 낮다.
비가 와서 기온이 낮다.

낮다는 높이가 기준이 되는 것보다 못한 것을 뜻해요. '의자가 너무 낮다.', '한라산은 백두산보다 낮다.'와 같이 쓰지요. 또 '낮다'는 물건의 상태나 능력 등이 기준보다 못할 때도 써요. '그 물건은 품질이 낮아서 고장이 잘 난다.'처럼 쓰지요.

낳다

누렁이가 새끼를 낳다.
거짓말이 또 다른 거짓말을 낳다.

낳다는 아기나 동물의 새끼, 알 등을 몸 밖으로 내놓는 거예요. 또 어떤 결과를 가져온다는 뜻으로도 써요. '준비를 열심히 해서 좋은 결과를 낳다.'처럼요.

1 밑줄 친 부분을 바르게 고쳐 써 보세요.

의자가 너무 <u>낳아요</u>.	이모가 아기를 <u>나았어요</u>.	상처가 다 <u>낮았어요</u>.
□□□	□□□□	□□□□

2 빈칸에 들어갈 낱말을 찾아 선으로 이어 보세요.

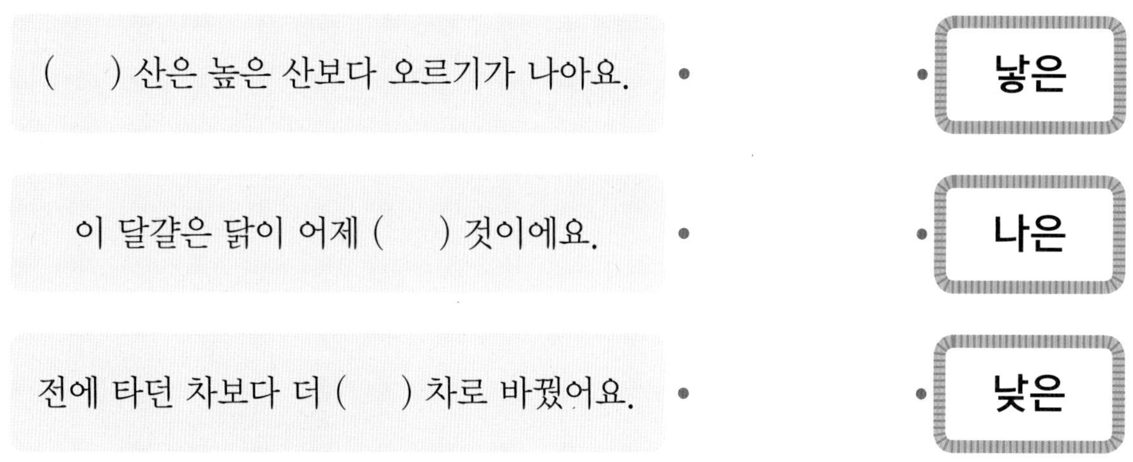

- (　　) 산은 높은 산보다 오르기가 나아요. •
- 이 달걀은 닭이 어제 (　　) 것이에요. •
- 전에 타던 차보다 더 (　　) 차로 바꿨어요. •

- • 낳은
- • 나은
- • 낮은

3 밑줄 친 낱말이 보기와 같은 뜻으로 쓰인 것을 모두 찾아 ○ 하세요.

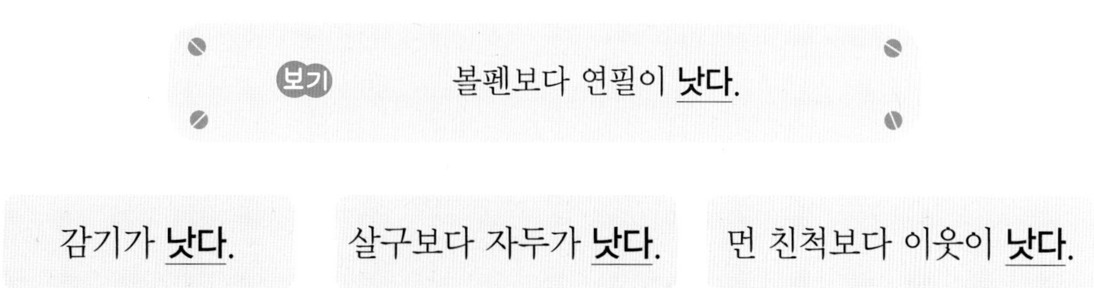

보기 볼펜보다 연필이 <u>낫다</u>.

감기가 <u>낫다</u>.　　살구보다 자두가 <u>낫다</u>.　　먼 친척보다 이웃이 <u>낫다</u>.

알갱이

보리 알갱이를 모아 죽을 끓였다.
모래 알갱이가 모여 모래밭이 되었다.

알갱이는 쌀, 옥수수, 보리 등 열매나 곡식의 낱알을 말해요. 쌀 알갱이, 옥수수 알갱이, 보리 알갱이처럼 곡식의 이름 뒤에 붙어서 낱알을 나타내지요. 또 모래알처럼 작고 동그랗고 단단한 물질도 알갱이라고 해요. 동그랗게 뭉쳐 있는 먼지는 먼지 알갱이, 단단하고 작은 얼음은 얼음 알갱이라고 하지요. 낱알을 셀 때는 밥알 한 알갱이, 콩 두 알갱이처럼 세어요.

알맹이

껍데기를 깨니 고소한 호두 알맹이가 나왔다.
네 말에는 알맹이가 없다.

알맹이는 물건의 껍데기나 껍질을 벗기고 남은 속 부분이에요. 호두의 껍데기를 벗긴 것은 호두 알맹이, 밤 껍질을 벗긴 것은 밤 알맹이, 굴 껍데기를 떼어 낸 것은 굴 알맹이지요. 또 중요한 부분을 알맹이라고도 해요. '이 책에는 알맹이가 빠졌어.'라고 하면 책에 기억에 남을 만큼 중요한 내용이 없다는 뜻이에요.

1 초성 힌트를 보고 그림과 설명에 알맞은 낱말을 써 보세요.

쌀, 옥수수, 보리 등 열매나 곡식의 낱알을 말해요.

ㅇ ㄱ ㅇ

물건의 껍데기나 껍질을 벗기고 남은 속 부분을 말해요.

ㅇ ㅁ ㅇ

2 빈칸에 '알맹이'가 들어가야 할 문장을 찾아 ○ 하세요.

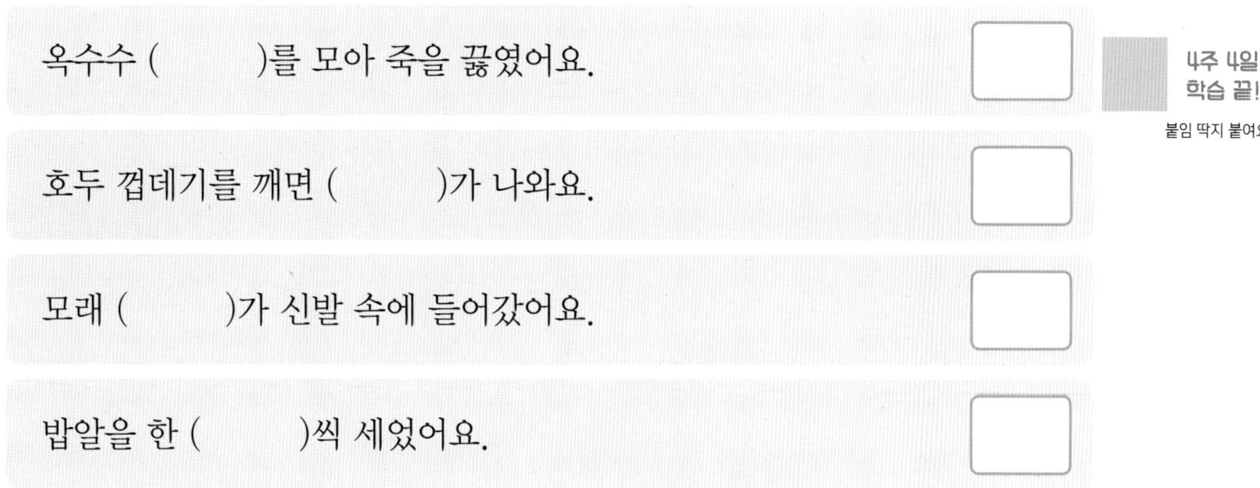

옥수수 (　　　)를 모아 죽을 끓였어요. □

호두 껍데기를 깨면 (　　　)가 나와요. □

모래 (　　　)가 신발 속에 들어갔어요. □

밥알을 한 (　　　)씩 세었어요. □

4주 4일 학습 끝!

붙임 딱지 붙여요.

3 밑줄 친 낱말의 뜻으로 알맞은 것을 선으로 이어 보세요.

이 책은 재미있지만 **알맹이**가 없어요.

- 책의 겉표지
- 책의 제목
- 기억할 만한 내용

20 4주 앞뒤에 붙는 말 알아보기

공부한 날짜
월 일

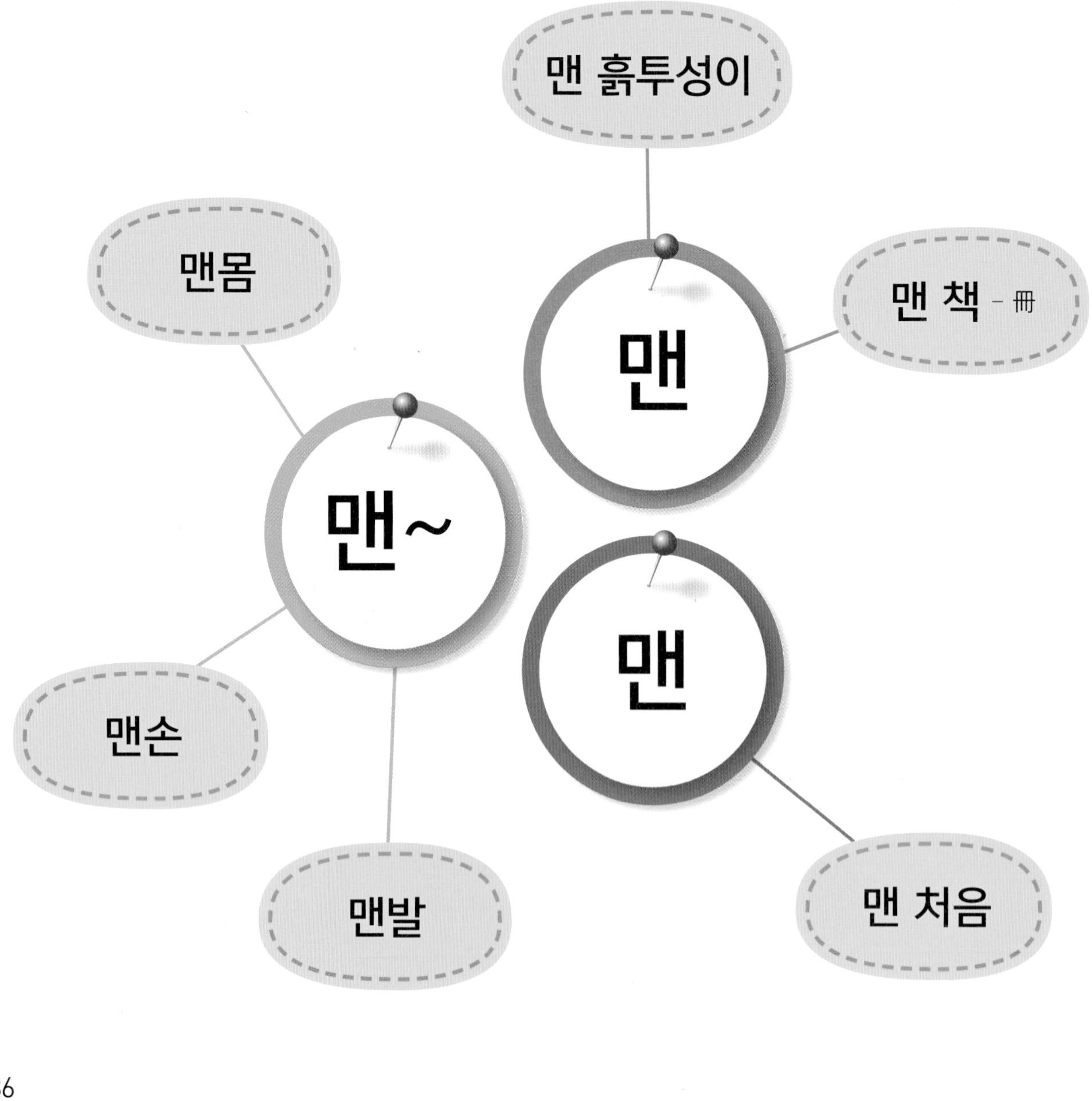

맨~
- 맨몸
- 맨손
- 맨발

맨
- 맨 흙투성이
- 맨 책 - 冊

맨
- 맨 처음

1 다음 낱말에 어울리는 그림을 찾아 선으로 이어 보세요.

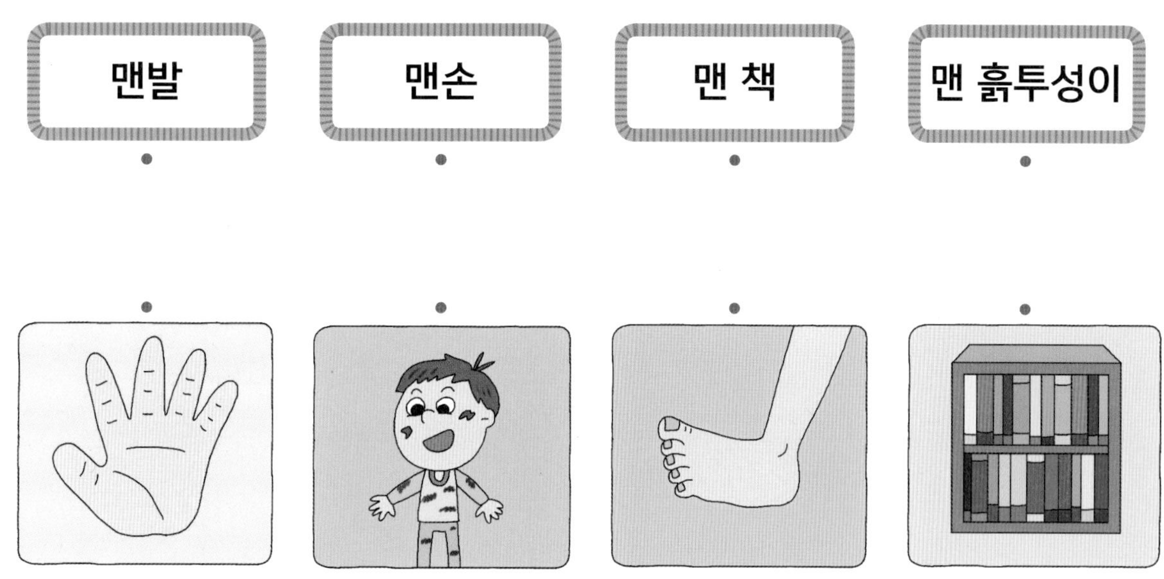

2 곤충 채집을 하러 왔어요. 아이들의 말을 잘 읽고, 밑줄 친 '맨'을 '온통'으로 바꿔 쓸 수 있으면 빈칸에 ∨ 표시를, 바꿔 쓸 수 없으면 ⌒ 표시를 하세요.

맨몸

맨+몸

낱말 앞에 '맨' 자가 붙으면 '다른 것이 없다'는 뜻이 더해져요. 그래서 **맨몸**은 아무것도 입지 않은 벌거벗은 알몸을 뜻하지요. 또한 돈, 음식, 옷 등 재산이나 물건 등을 가지지 못했을 때에도 '맨몸'이라고 해요.

맨손

맨+손

맨손은 장갑이나 반지 등 어떤 것도 끼거나 걸치지 않은 손이에요. 재산이나 물건 등 가진 것이 없는 상태를 빗대어 쓰기도 하지요. '맨손으로 이만큼 이뤘다.'라고 하면, 아무것도 없이 시작해 큰일을 이룬 것을 뜻해요.

맨발

맨+발

맨발은 아무것도 신지 않은 발이에요. 우리 속담에 '맨발로 바위 차기'라는 말이 있어요. 맨발로 바위를 차면 내 발만 아프고 바위는 꿈쩍하지 않아요. 이처럼 자기에게 손해만 돌아오는 어리석은 짓을 뜻하는 속담이에요.

맨 흙투성이

낱말에 붙여 쓰는 '맨' 자와 달리, 낱말과 띄어 쓰는 '맨' 자도 있어요. 이때 맨 자는 '온통'과 바꿔 쓸 수 있어요. **맨 흙투성이**는 온통 흙이 묻은 상태를 말해요. '밖에서 놀았더니 신발이 맨 흙투성이야.'처럼 쓸 수 있어요.

맨 책

冊(책 책)

맨 책은 다른 물건 없이 온통 책만 가득한 거예요. '삼촌 방은 맨 책이야.'처럼 쓸 수 있어요. 이와 비슷하게, 산에 소나무만 가득하면 '맨 소나무만 있어.'라고 쓸 수 있어요.

맨 처음

낱말과 띄어 쓰는 '맨' 중에는 더 할 수 없을 정도를 나타내는 말도 있어요. 이때에는 맨 자를 '가장'과 바꿔 쓸 수 있지요. **맨 처음**은 가장 처음이라는 뜻이에요. '내가 맨 나중에 냈어.'라고 하면, 내가 가장 나중에 냈다는 뜻이에요.

'맨'에 담긴 세 가지 뜻

'맨'이라는 글자는 세 가지 뜻으로 쓰여요. 뜻에 따라 띄어 쓰는 방법도 다르지요. '맨'에 담긴 세 가지 뜻과 띄어 쓰는 방법을 좀 더 공부해 보아요.

낱말에 붙어서 '다른 것이 없다'는 뜻을 더하는 '맨'!

맨발, 맨땅, 맨밥처럼 낱말과 붙여 쓰는 '맨'은 뒤에 오는 낱말에 '아무것도 없다'는 뜻을 더해 줘요. 그래서 '맨발'은 아무것도 신지 않은 발, '맨땅'은 아무것도 깔지 않은 땅, '맨밥'은 반찬 없이 밥만 있는 것을 말해요.

낱말과 띄어 써서 '온통'의 뜻을 더하는 '맨'!

맨 흙투성이, 맨 돌처럼 다른 낱말 앞에 띄어 쓰는 '맨'은 '다른 것은 섞이지 않고, 온통'이라는 뜻을 더해 줘요. '맨 돌'은 다른 것은 없고 온통 돌만 있다는 것을 표현한 말이에요.

낱말과 띄어 써서 '가장'의 뜻을 더하는 '맨'!

낱말과 띄어 쓰는 '맨' 중에는 맨 처음, 맨 끝찌, 맨 꼭대기처럼 '가장'이라는 뜻을 더해 주는 것도 있어요. '맨 처음'은 가장 처음, '맨 꼴찌'는 가장 꼴찌, '맨 꼭대기'는 가장 꼭대기라는 뜻이에요.

1 ( ) 안에 섞여 있는 글자들을 바르게 고쳐 써 보세요.

① (**발 맨**)로 뛰었더니 발이 아파요.

② 교실이 (**성 흙 투 맨 이**)예요.

③ 아빠와 한라산 (**기 꼭 맨 대**)에 올랐어요.

④ 그 사람은 (**손 맨**)으로 일본에 건너가 성공했어요.

2 밑줄 친 '맨'과 바꾸어 쓸 수 있는 낱말을 골라 ○ 하세요.

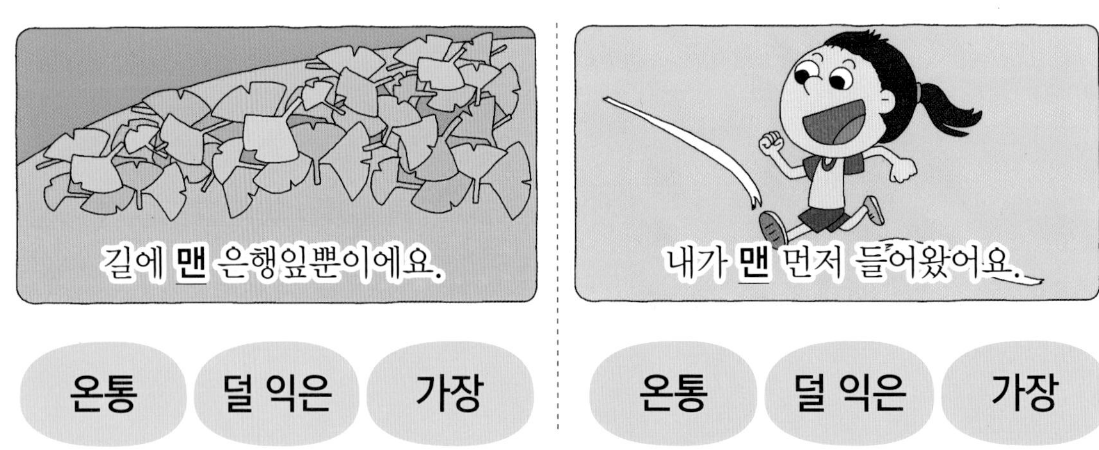

온통 덜 익은 가장

온통 덜 익은 가장

3 속뜻 짐작 밑줄 친 부분 중 띄어쓰기를 잘못한 곳 한 군데를 찾아 ○ 하세요.

20○○년 9월 3일 날씨: 더운 날

엄마가 출장을 가셔서 옆집 서진이네 집에서 저녁을 먹었다. 식탁에는 **맨먹을 것들**인데, 난 어떤 음식에도 손이 가지 않았다. **맨 구석**에 앉아 **맨밥**만 먹자 아주머니께서 이것저것 권하셨다. 하지만 **맨 엄마 생각뿐**, 어떤 것도 먹고 싶지 않았다. 아, 엄마가 빨리 오시면 좋겠다.

'맨'은 아무것도 더하지 않았다는 뜻을 지니고 있어요.
영어에도 이와 비슷한 뜻을 가진 낱말들이 있지요. 함께 알아볼까요?

bare

bare는 '벌거벗은'이라는 뜻을 가지고 있어요. bare foot이라고 하면 '맨발'을, bare hand는 '맨손'을 뜻해요.

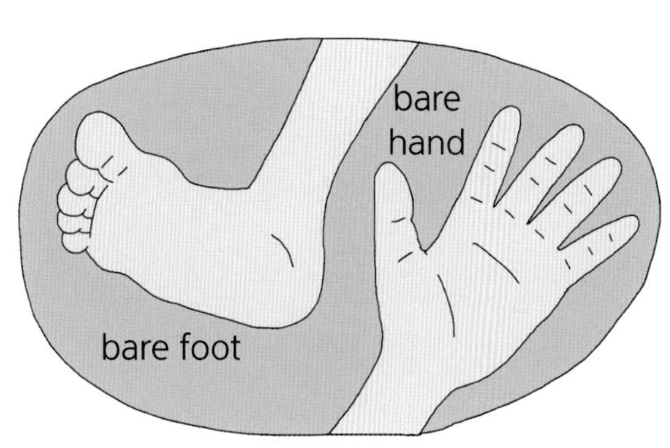

very

very는 '매우, 아주, 잘' 등 여러 뜻이 있지만 '가장'이라는 뜻도 가지고 있어요. 그래서 the very front는 '맨 앞'을, the very end는 '맨 끝'을 뜻해요.

4주 5일
학습 끝!
붙임 딱지 붙여요.

all over

all over는 '곳곳에, 온통'이라는 뜻이에요. 'There are fallen leaves all over the garden.'이라고 하면 '정원이 맨 낙엽들이야.'라는 뜻이에요.

QR 찍고 발음 듣기

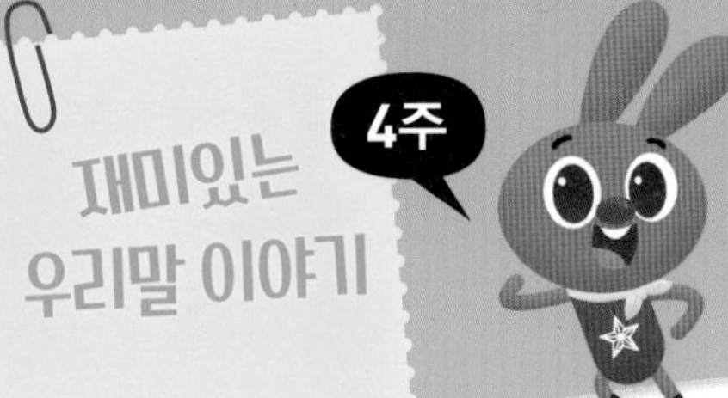

마음이 불안하고 초조해 '안절부절못하다'

안절부절못하다: 마음이 초조하고 불안해 어찌할 바를 모르는 것을 말해요.

〈세 마리 토끼 잡는 초등 어휘〉 P단계 3권 정답 및 해설

1주 13쪽 먼저 확인해 보기

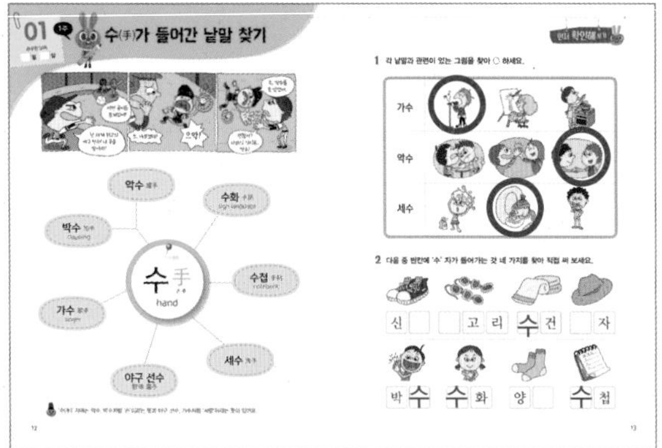

1주 16쪽 속뜻 짐작 능력 테스트

1. '세수'는 손(손 수, 手)이나 얼굴을 씻는(씻을 세, 洗) 것이고, '수첩'은 손에 들고 다니면서 메모를 할 수 있는 작은 공책(문서 첩, 帖)이에요. '박수'는 두 손뼉을 여러 번 마주치는(칠 박, 拍) 거예요. 세수, 수첩, 박수의 '수' 자는 손을 뜻하는 '손 수(手)' 자이지요. '수영'은 물(물 수, 水)속에서 헤엄치는(헤엄칠 영, 泳) 것이고, '수박'은 시원한 여름 과일로 고유어예요.
2. '가수'는 노래하는(노래 가, 歌) 것을 직업으로 가진 사람이고, '무용수'는 춤추는(춤출 무 舞, 뛸 용 踊) 것을 직업으로 가진 사람이며, '목수'는 나무(나무 목, 木)로 집이나 가구 등을 만드는 것을 직업으로 가진 사람이에요. 가수, 무용수, 목수의 '수(손 수, 手)' 자는 '사람'을 뜻해요.
3. 맞수와 거수의 '수' 자는 모두 '손 수(手)' 자예요. '맞수'에서는 '사람'을 뜻하고, 거수에서는 '손'을 뜻해요.

1주 19쪽 먼저 확인해 보기

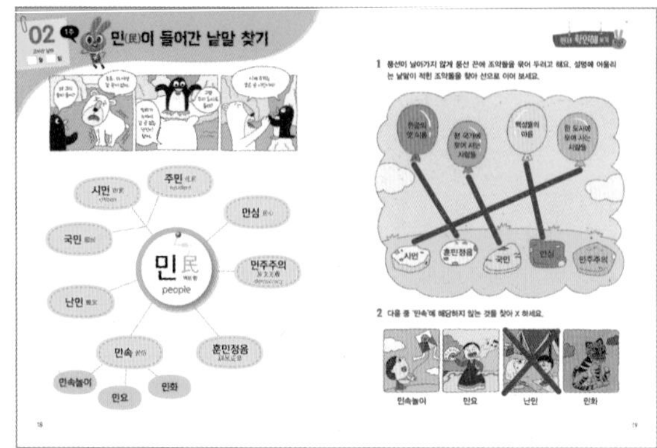

2. '난민'은 전쟁이나 가난, 홍수, 태풍 등으로 큰 어려움(어려울 난, 難)을 겪는 사람으로, 민속과는 관련이 없어요. '민속'은 사람들의 생활과 관련이 있는 신앙, 습관, 풍속, 문화, 문학 등이랍니다.

1주 22쪽 속뜻 짐작 능력 테스트

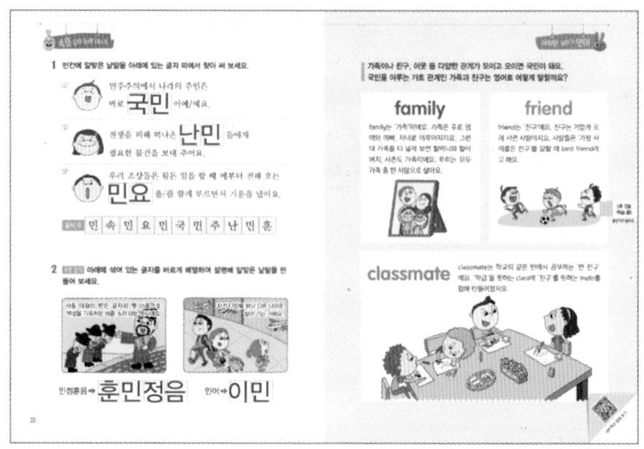

1. '국민'은 한 나라(나라 국, 國)에 살고 있는 사람(백성 민, 民)을 말해요. '난민'은 전쟁이나 가난, 홍수, 태풍 등으로 큰 어려움을 겪는 사람들이지요. '민요'는 오래전부터 전해 오는 노래(노래 요, 謠)예요.
2. '훈민정음'은 세종 대왕이 우리글이 없어 어려움을 겪는 백성들을 위해 만든 한글의 옛 이름이에요. '이민'은 자기 나라를 떠나 다른 나라에서 살기 위해 떠나는 것을 말하지요. '이민'의 '이' 자는 '옮길 이(移)'로, '이사', '이동', '이전' 등에 쓰여요.

1주 25쪽 먼저 확인해 보기

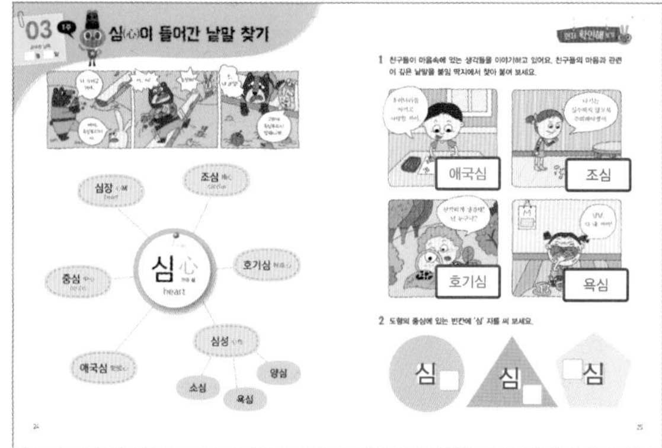

1주 28쪽 속뜻 짐작 능력 테스트

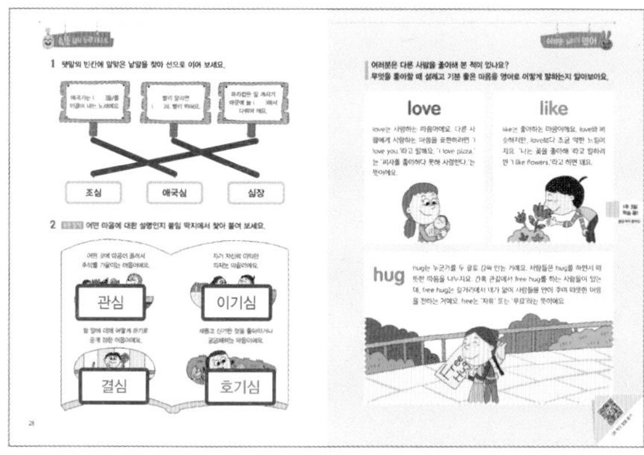

1. '애국심'은 자기 나라(나라 국, 國)를 사랑하는(사랑 애, 愛) 마음(마음 심, 心)이에요. '심장'은 가슴 왼쪽에 있는 신체 기관으로, 피를 몸 곳곳으로 보내는 일을 해요. '조심'은 말하거나 행동할 때 잘못을 하지 않도록 다잡는(잡을 조, 操) 마음이지요.
2. '관심(관계할/빗장 관 關, 마음 심 心)'은 어떤 것에 마음이 끌려 신경을 쓰거나 주의를 기울이는 마음이에요. '이기심(이로울 리/이 利, 몸 기 己, 마음 심 心)'은 남에 대해서는 생각하지 않고 자기 자신의 이익만을 생각하는 마음이고, '결심(결단할 결 決, 마음 심 心)'은 어떤 일을 어떻게 하기로 굳게 정한 마음이에요. '호기심(좋을 호 好, 기이할 기 奇, 마음 심 心)'은 새롭거나 신기한 것에 끌리는 마음이랍니다.

1주 31쪽 먼저 확인해 보기

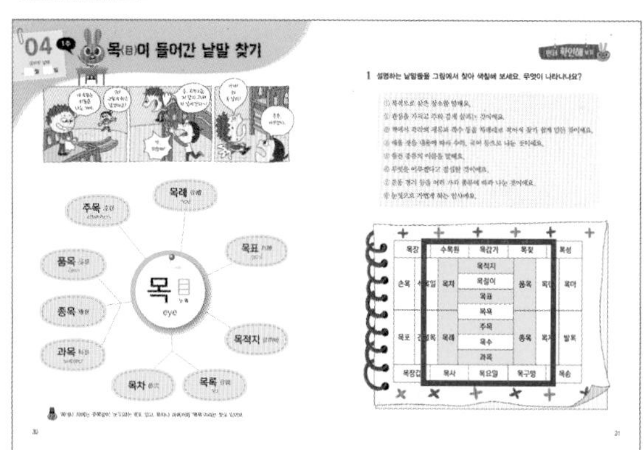

1. 설명하는 낱말의 답은 다음과 같아요. ①은 목적지, ②는 주목, ③은 목차, ④는 과목, ⑤는 품목, ⑥은 목표, ⑦은 종목, ⑧은 목례예요. 정답이 되는 부분을 모두 색칠하면 '눈'을 뜻하는 '目(눈 목)' 자가 나타나요.

1주 34쪽 속뜻 짐작 능력 테스트

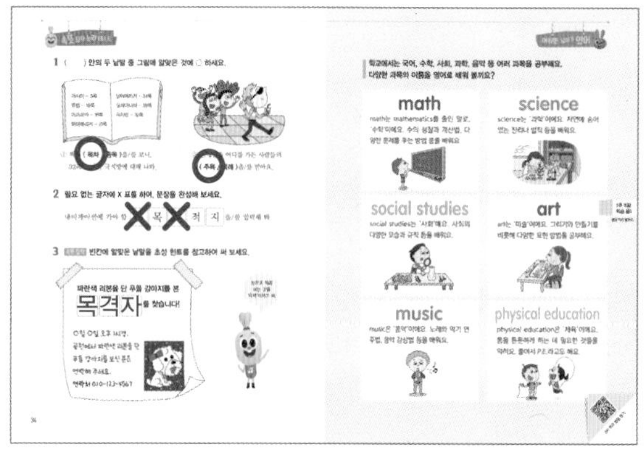

1. 정답은 ① 목차, ② 주목이에요. '목차'는 책에 담긴 제목들을 차례대로 적어 놓은 것이고, '종목'은 무언가를 종류에 따라 나눈 거예요. 책의 내용이 어디에 있는지 알려면 '목차'를 봐야 해요. '주목'은 어떤 것에 관심을 가지고 주의 깊게 살피는 것이고, '목례'는 눈을 맞추며 가볍게 인사하는 거예요.
2. 내비게이션은 원하는 곳에 빠르게 가도록 길 안내를 해 주는 도구예요. 내비게이션에 가야 할 '목적지'를 입력하면, 원하는 곳에 가는 방법이나 보다 빨리 가는 길을 알려 줘요.
3. '목격자'는 어떤 일을 눈으로 직접 본(눈 목, 目) 사람(사람 자, 者)을 말해요.

1주 37쪽 먼저 확인해 보기

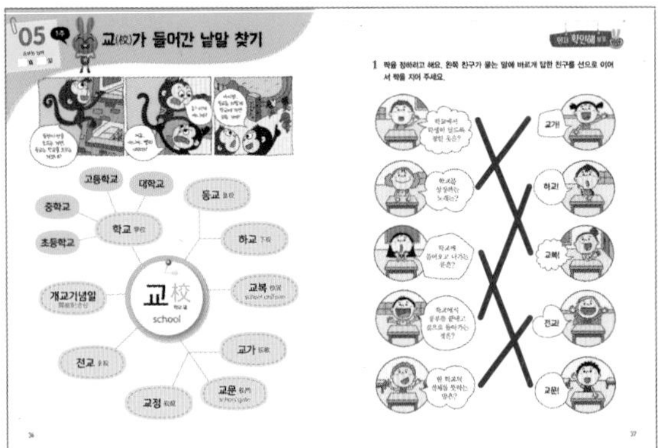

1주 40쪽 속뜻 짐작 능력 테스트

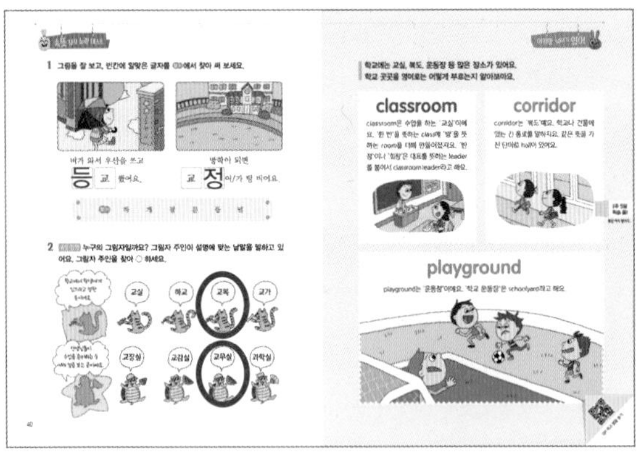

2. '교장실'은 학교의 우두머리(긴 장, 長)인 교장 선생님이 계신 방(집 실, 室)이고, '교감실'은 학교 일을 두루 살피는(볼 감, 監) 교감 선생님이 계신 방이지요. '교무실'은 선생님들이 수업이나 학교와 관련된 일을 하려고 힘쓰는(힘쓸 무, 務) 곳이고, '과학실'은 과학 실험을 비롯해 과학 수업을 하는 곳이에요.

2주 45쪽 먼저 확인해 보기

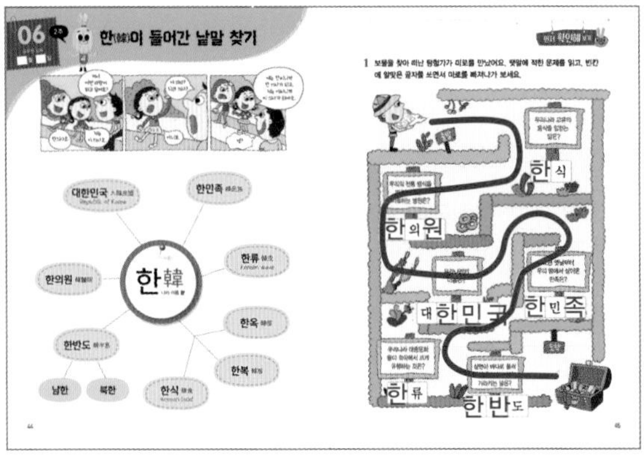

2주 48쪽 속뜻 짐작 능력 테스트

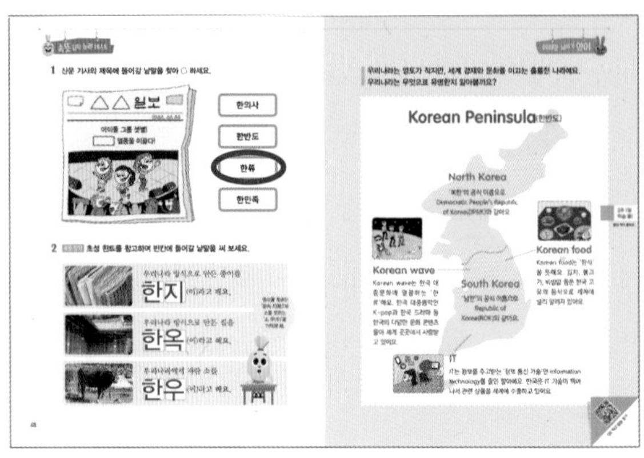

1. '한류'는 우리나라의 노래나 드라마, 영화 등이 외국으로 나가 많은 사랑을 받는 것을 말해요. '열풍'은 매우 거세고 세차게(세찰 렬/열, 烈) 부는 바람(바람 풍, 風)을 뜻하지요.
2. '한지'는 우리나라(나라 이름 한, 韓) 고유의 방법으로 만든 종이(종이 지, 紙)예요. '한옥'은 우리나라 고유의 방식으로 만든 집(집 옥, 屋)이지요. '한우'는 우리나라에서 나고 자란 우리 재래종 소(소 우, 牛)로, 수입 쇠고기와 구별해 불러요.

2주 51쪽 먼저 확인해 보기

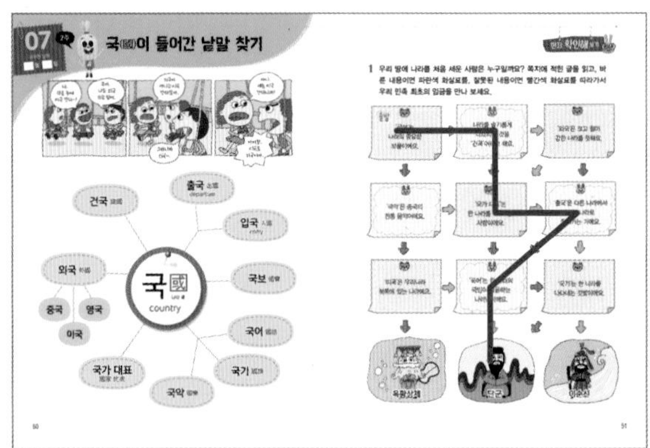

1. 우리 땅에 처음 세워진 나라는 고조선으로, '단군'은 기원전 2333년에 고조선을 건국한 태초의 임금이라고 알려져 있어요. '옥황상제'는 흔히 도교에서 하느님을 이르는 말로, 우리 전래 동화에 자주 등장하는 상상 속 임금이에요. '이순신'은 조선의 장군으로, 임진왜란 때 왜군으로부터 나라를 구한 인물이에요.

2주 54쪽 속뜻 짐작 능력 테스트

1. '국보'는 나라의 중요한 보물(보배 보, 寶)로, 역사적인 유적이나 유물 등이 속해요. '국기'는 한 나라를 나타내는 깃발(기 기, 旗)이지요.
2. '국왕'은 나라를 다스리는 임금(임금 왕, 王)이에요. '입국'은 나라의 안으로 들어가는(들 입, 入) 것이고, '건국'은 나라를 세우는(세울 건, 建) 것이지요.

2주 57쪽 먼저 확인해 보기

2주 60쪽 속뜻 짐작 능력 테스트

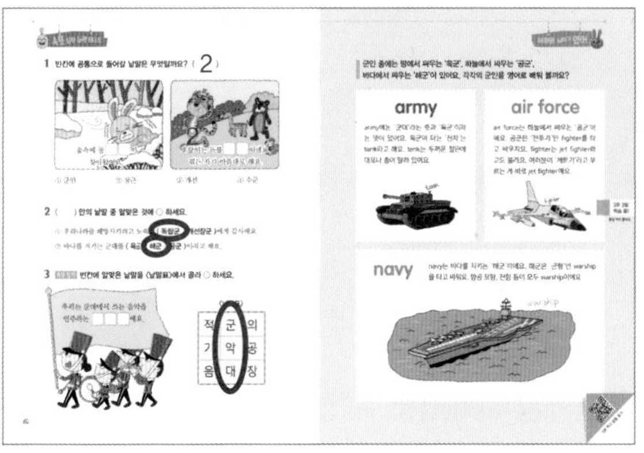

1. '동장군'은 겨울의 매서운 추위를 말해요. '독불장군'은 무엇이든 자기 뜻대로 하는 사람을 뜻해요.
2. 정답은 ① 독립군, ② 해군이에요.
3. '군악대'는 군대에서 쓰는 음악인 군악을 연주하는 군인 무리를 말해요.

2주 63쪽 먼저 확인해 보기

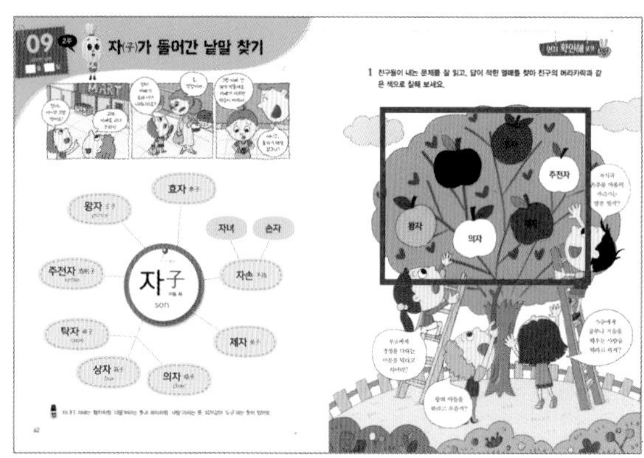

2주 66쪽 속뜻 짐작 능력 테스트

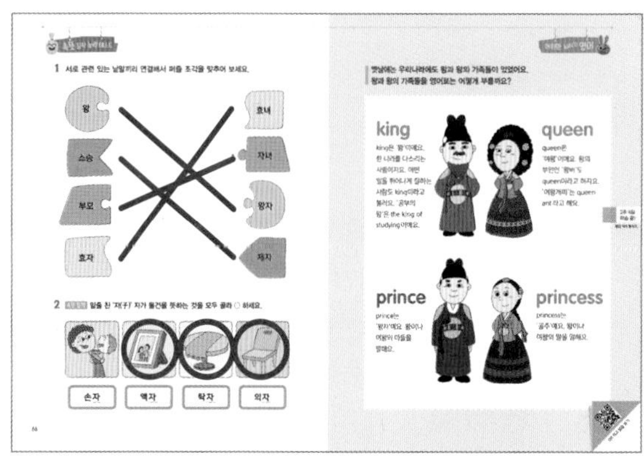

1. '왕'의 아들은 '왕자'이고, '스승'에게 가르침을 받는 사람은 '제자'예요. '부모'가 낳은 아들과 딸은 '자녀', 부모님을 위하는 아들, 딸은 '효자', '효녀'라고 해요.
2. '액자(이마 액 額, 아들 자 子)', '탁자(높을 탁 卓, 아들 자 子)', '의자(의자 의 椅, 아들 자 子)'에 쓰인 '자(아들 자, 子)' 자는 '도구'라는 뜻으로 쓰였어요. 하지만 '손자(손자 손 孫, 아들 자 子)'에서는 '아들'이라는 뜻으로 쓰였어요.

2주 69쪽 먼저 확인해 보기

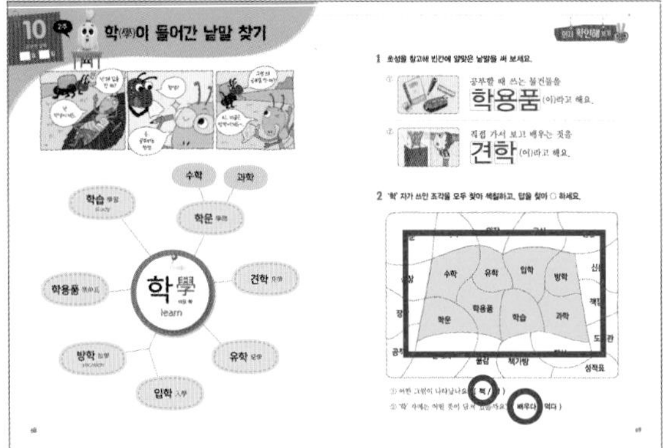

2. 정답은 ① 책, ② 배우다예요.

2주 72쪽 속뜻 짐작 능력 테스트

2. 정답은 입학, 학년, 학기예요. 학교에 공부를 배우러 들어가는(들 입, 入) 것은 '입학'이라고 해요. '통학'은 집에서 학교까지 다니는(통할 통, 通) 것이지요. 새해(해 년/연, 年)를 맞아 새 학년이 되면 학기를 나누어 공부해요. '전학'은 학교를 옮기는 것이에요.

3주 79쪽 먼저 확인해 보기

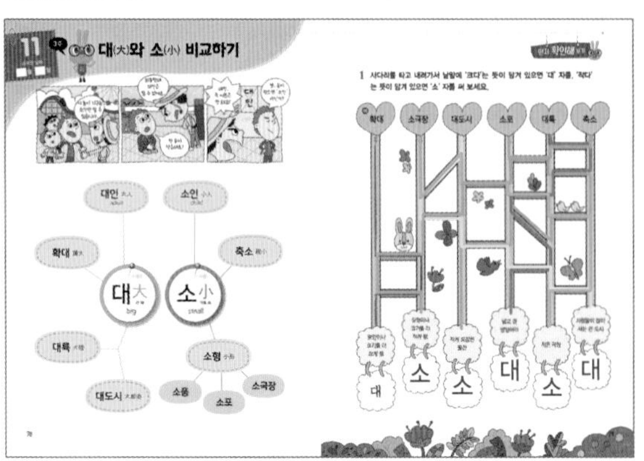

3주 82쪽 속뜻 짐작 능력 테스트

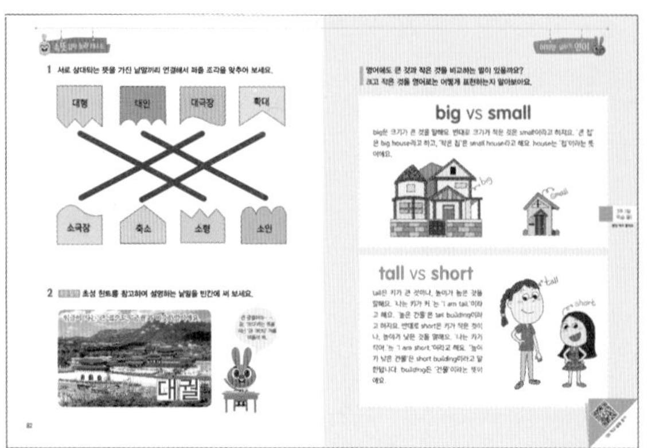

2. '대궐'은 임금이 사는 큰(큰 대, 大) 집으로 궁궐(집 궐, 闕)을 뜻해요. '궁전', '궁'과 같은 말이에요.

3주 85쪽 먼저 확인해 보기

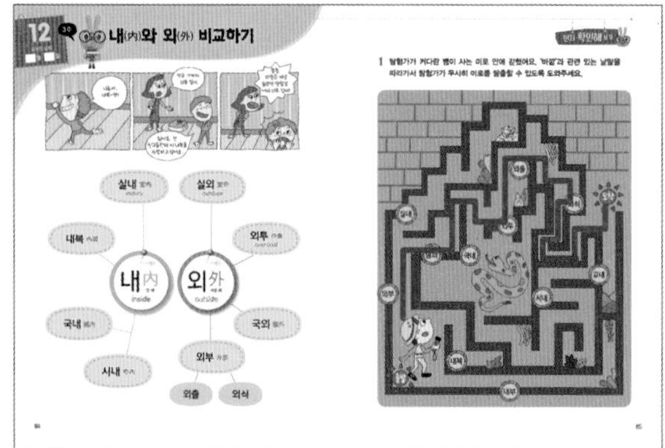

3주 88쪽 속뜻 짐작 능력 테스트

2. '외투'는 겉옷 위에 입는 옷을 통틀어서 이르는 말이에요.
3. '국외'는 나라(나라 국, 國)의 바깥(바깥 외, 外)이고,

'시외'는 도시(저자 시, 市)의 바깥(바깥 외, 外)이며, '교외'는 학교(학교 교, 校)의 바깥(바깥 외, 外)이에요.

3주 91쪽 먼저 확인해 보기

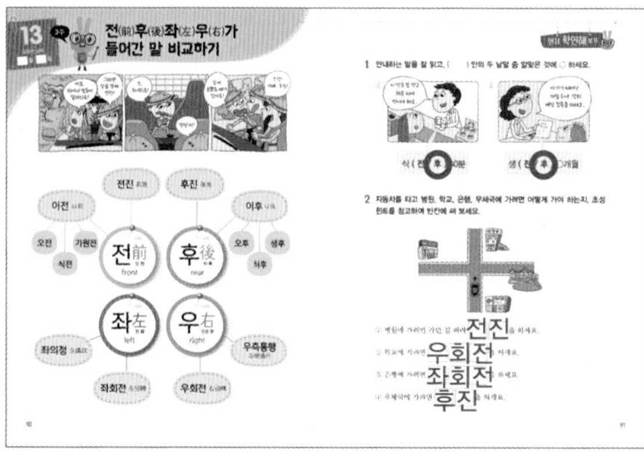

1. 밥을 먹고 30분 뒤에 약을 먹으라고 했으니 식사(먹을 식, 食) 후(뒤 후, 後)인 '식후'이고, 태어난 뒤의 개월 수에 맞춰 예방 접종을 해야 하니 태어난(날 생, 生) 후(뒤 후, 後)인 '생후'에 해당돼요.
2. '전진'은 앞(앞 전, 前)으로 나아가는(나아갈 진, 進) 것이고, '우회전'은 오른쪽(오른 우, 右)으로 돌아가는(돌 회 回, 구를 전 轉) 것이며, '좌회전'은 왼쪽(왼 좌, 左)으로 돌아가는 것이에요. '후진'은 뒤(뒤 후, 後)로 나아가는(나아갈 진, 進) 것이지요.

3주 94쪽 속뜻 짐작 능력 테스트

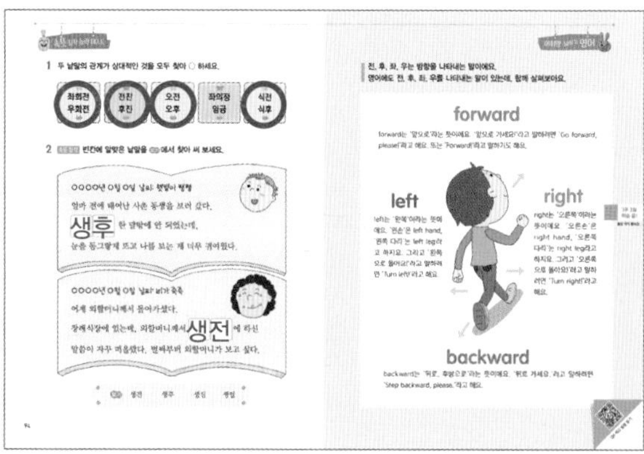

1. '좌의정'은 조선 시대의 벼슬 이름이고, '임금'은 나라를 다스리는 우두머리, 즉 왕이어서 상대되는 낱말이 아니에요.
2. '생후'는 태어난 뒤를 말해요. '생전'은 살아 있는 동안을 뜻해요.

3주 97쪽 먼저 확인해 보기

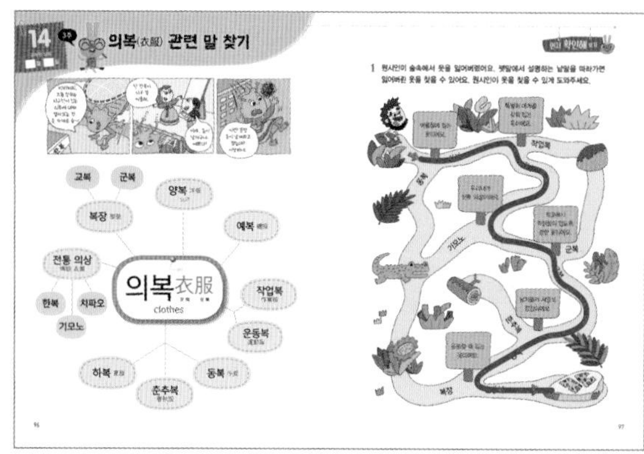

3주 100쪽 속뜻 짐작 능력 테스트

1. 수영복, 도복, 추리닝 등은 운동할 때 입는 '운동복'이에요. '작업복'은 일할 때 입는 옷이고, '예복'은 웨딩드레스나 턱시도, 상복처럼 예의를 갖출 때 입는 옷이랍니다.
2. 군인과 군복의 공통 글자는 '군', 양식과 양복의 공통 글자는 '양', 학교와 교복의 공통 글자는 '교'예요.

3주 103쪽 먼저 확인해 보기

3주 106쪽 속뜻 짐작 능력 테스트

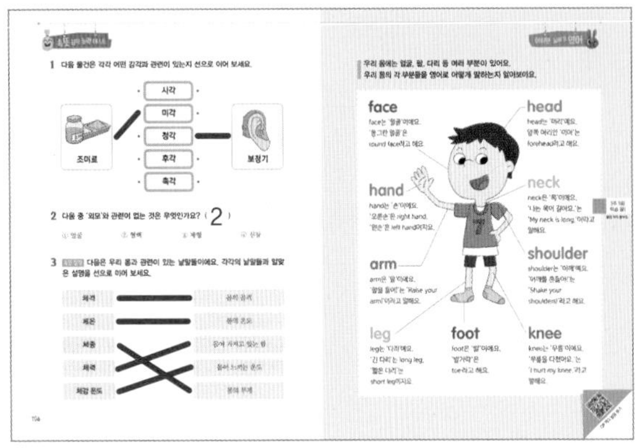

1. '조미료'는 음식의 맛(맛 미, 味)을 맞추는(고를 조, 調) 재료로, 혀로 맛을 보는 감각인 '미각'과 관련이 있어요. '보청기'는 소리 듣는 것(들을 청, 聽)을 돕는(기울/도울 보, 補) 기구(그릇 기, 器)로, 귀로 듣는 감각인 '청각'과 관련이 있어요.
2. '혈액'은 몸속을 흐르는 진득한(진액 액, 液) 피(피 혈, 血)를 말해요. 따라서 겉으로 보이는 모습인 외모와 관련이 없지요.
3. '체감 온도'는 실제 온도와 달리, 몸(몸 체, 體)으로 느껴지는(느낄 감, 感) 온도예요.

4주 113쪽 먼저 확인해 보기

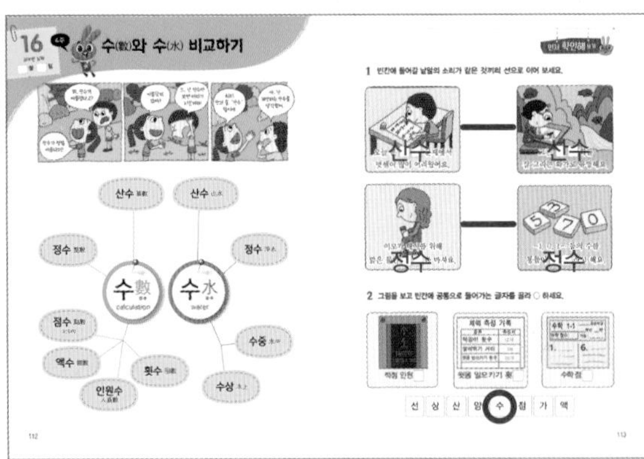

1. 더하기와 빼기 등 수를 계산하는 것을 '산수(셈 산 算, 셈 수 數)'라고 하고, 산과 물이 어우러진 자연 풍경도 '산수(산 산 山, 물 수 水)'라고 해요. 깨끗한 물을 '정수(깨끗할 정 淨, 물 수 水)'라고 하고 −1, 0, 1… 등의 수를 '정수(가지런할 정 整, 셈 수 數)'라고 하지요.

4주 116쪽 속뜻 짐작 능력 테스트

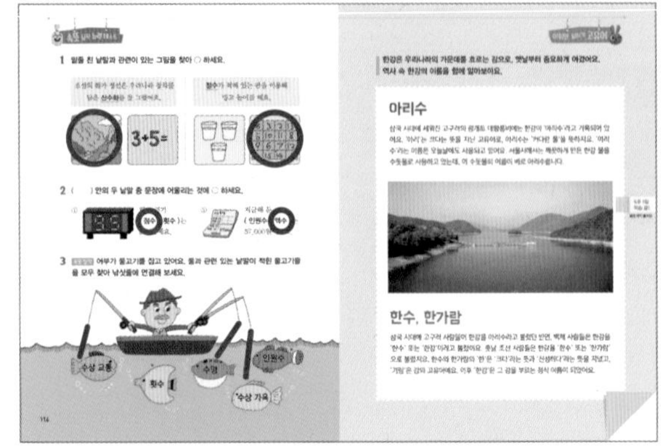

1. '산수화(山水畵)'는 산(산 산, 山)과 물(물 수, 水)이 있는 자연의 모습을 그린 그림(그림 화, 畵)이에요.
2. 정답은 ① 점수, ② 액수예요. '점수'는 성적을, '액수'는 돈이 얼마나 되는지 나타낸 숫자예요.
3. '수상 교통'은 배처럼 물 위를 다니는 탈것을 말하고, '수영'은 물속을 헤엄치는 것을 말해요. '수상 가옥'은 물 위에 지어진 집(집 가 家, 집 옥 屋)을 뜻한답니다.

4주 119쪽 먼저 확인해 보기

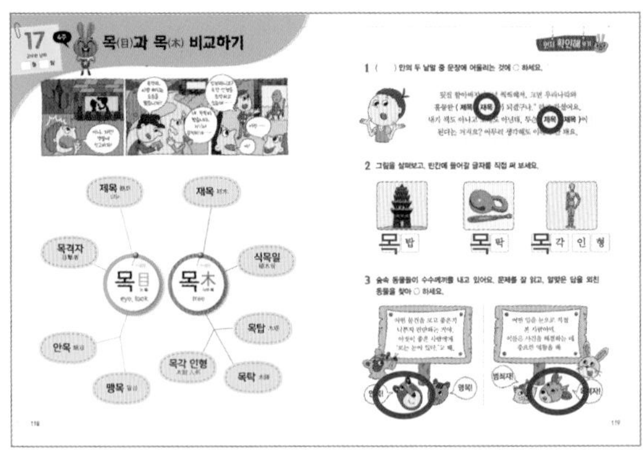

1. 정답은 '재목', '제목'이에요. '재목'은 건물이나 기구 등을 만들 때 쓰는 나무(나무 목, 木) 재료(재목 재, 材) 또는 뛰어난 능력을 가진 사람을 뜻해요. '제목'은 책 제목, 노래 제목처럼 어떤 작품이 담고 있는 것을 한눈(눈 목, 目)에 알려 주는 이름이에요.
2. '목탑'은 나무로 만든 탑이고, '목탁'은 나무를 둥글게 깎고 그 속을 파서 방울처럼 만든 기구예요. '목각 인형'은 나무를 깎아 만든 인형이지요.

4주 122쪽 속뜻 짐작 능력 테스트

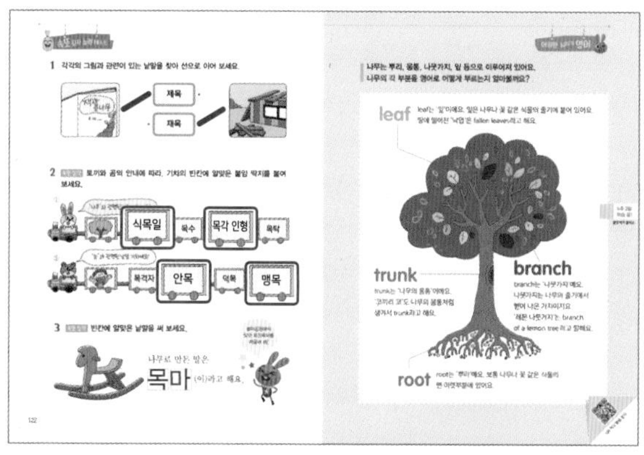

2. '목각 인형'은 나무(나무 목, 木)를 깎아 만든 인형이고, '식목일'은 나무(나무 목, 木)를 심고(심을 식, 植) 가꾸기 위해 나라에서 정한 날(날 일, 日)이에요. '안목'은 어떤 일이나 물건을 보고 좋은지 나쁜지 가리는 능력이고, '맹목'은 눈(눈 목, 目)이 멀어(소경 맹, 盲) 아무것도 볼 수 없는 것을 뜻하지요.
3. '목마'는 나무(나무 목, 木)로 만든 말(말 마, 馬)이고, '회전목마'는 목마가 빙글빙글 도는 놀이 기구예요.

4주 125쪽 속뜻 짐작 능력 테스트

2. '개굴개굴'은 개구리 울음소리를 흉내 낸 말이에요. '으르렁'은 사나운 동물이 울부짖는 소리를 흉내 낸 말이지만, 사람이 크게 소리를 외치거나 다툴 때에도 써요.

4주 127쪽 속뜻 짐작 능력 테스트

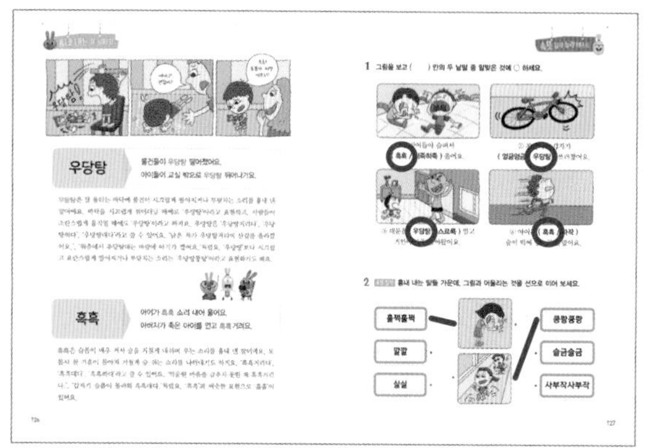

1. 정답은 ① 흑흑, ② 우당탕, ③ 우당탕, ④ 흑흑이에요. '흑흑'은 슬픔이 커서 숨을 거칠게 내쉬며 우는 소리나 거칠게 숨 쉬는 소리를 나타내요. '우당탕'은 잘 울리는 바닥에 물건이 시끄럽게 떨어지거나 부딪치는 소리를 흉내 낸 말이에요.
2. '훌쩍훌쩍'은 액체나 콧물을 들이마시는 소리를 흉내 낸 말이에요. 콧물을 들이마시며 흐느껴 우는 소리도 '훌쩍훌쩍'이라고 표현해요. '쿵쾅쿵쾅'은 단단하고 큰 물건이 잇따라 부딪치는 소리를 흉내 낸 말이에요. 발로 마룻바닥을 잇따라 굴러 나는 소리도 '쿵쾅쿵쾅'이라고 표현해요.

4주 129쪽 속뜻 짐작 능력 테스트

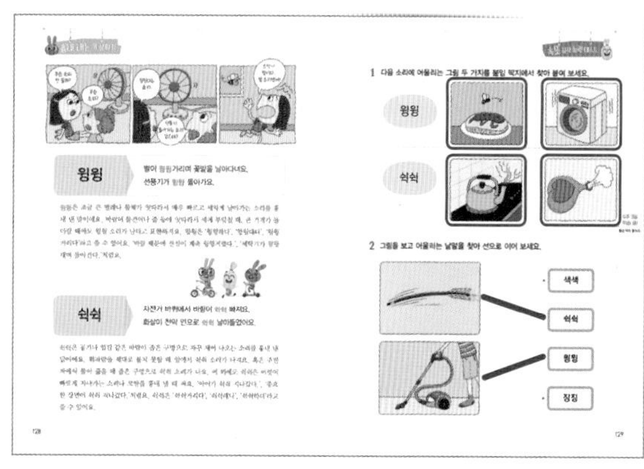

1. 파리가 날아다니는 소리나 세탁기가 돌아가는 소리는 '윙윙'이 어울리고, 주전자에서 물이 끓어 김이 새어 나오는 소리나 풍선에서 바람이 빠지는 소리는 '쉭쉭'이 어울려요.
2. 화살이 빠르게 날아가는 소리는 '쉭쉭'이 어울리고, 진공청소기로 청소하는 소리는 '윙윙'이 어울려요.

4주 131쪽 속뜻 짐작 능력 테스트

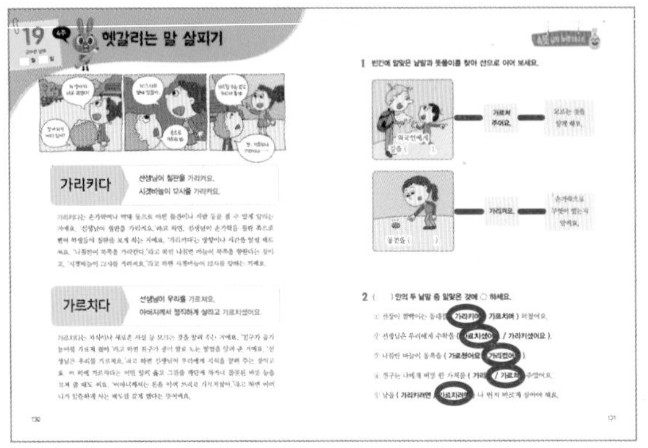

2. 정답은 ① 가리키며, ② 가르치셨어요, ③ 가리켰어요, ④ 가르쳐, ⑤ 가르치려면이에요.

4주 133쪽 속뜻 짐작 능력 테스트

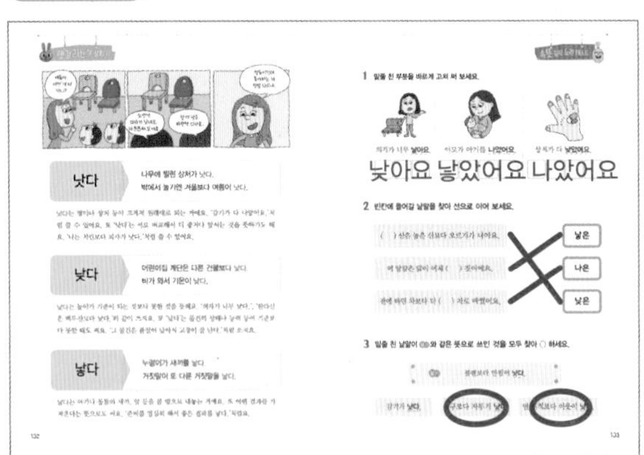

3. '볼펜보다 연필이 낫다.'는 볼펜보다 연필이 더 좋다는 뜻으로, '살구보다 자두가 낫다.'와 '먼 친척보다 이웃이 낫다.'에 쓰인 '낫다'와 같은 의미예요.

4주 135쪽 속뜻 짐작 능력 테스트

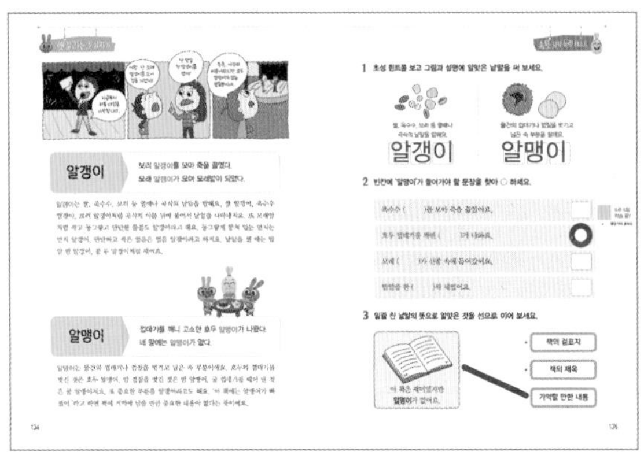

3. '책에 알맹이가 없다.'는 말은, 책에 기억할 만큼 중요한 내용이 없다는 뜻이에요. '네 말에는 알맹이가 없어.'라는 말 역시, 말에 중요한 요점이 빠져 있다는 뜻이에요.

4주 137쪽 먼저 확인해 보기

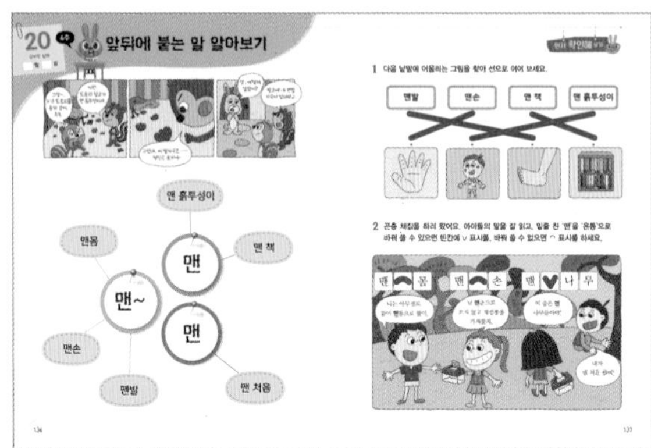

2. 맨발이나 맨손처럼 '다른 것이 없다'는 뜻의 '맨~'은 뒤에 오는 낱말과 붙여 써요. 하지만 '온통'이라는 뜻을 지닌 '맨'과 '가장'이라는 뜻을 가진 '맨'은 뒤에 오는 낱말과 띄어 써요.

4주 140쪽 속뜻 짐작 능력 테스트

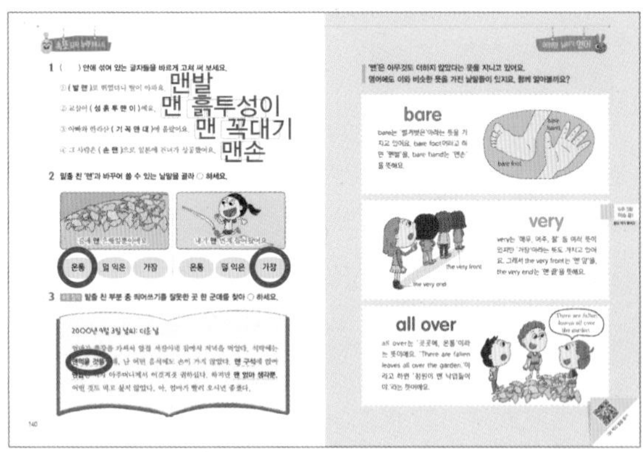

3. 정답인 '맨 먹을 것들'은 온통 먹을 것들이라는 뜻이어서 맨과 뒤의 낱말을 띄어 쓰고, '맨 구석'은 가장 구석이라는 뜻이어서 이것 역시 뒤의 낱말과 띄어 써요. '맨 엄마 생각뿐'은 온통 엄마 생각뿐이라는 뜻이어서 띄어 쓰고요. 하지만 '맨밥'은 다른 것 없이 밥뿐이라는 뜻이어서, 뒤에 오는 낱말과 붙여 써요.

〈세 마리 토끼 잡는 초등 어휘〉 P단계 3권

★ 하루 공부가 끝나는 곳에 붙임 딱지를 ❶~❸처럼 붙여 주세요.

1주 1일 학습 끝!	1주 2일 학습 끝!	1주 3일 학습 끝!	1주 4일 학습 끝!	1주 5일 학습 끝!
2주 1일 학습 끝!	2주 2일 학습 끝!	2주 3일 학습 끝!	2주 4일 학습 끝!	2주 5일 학습 끝!
3주 1일 학습 끝!	3주 2일 학습 끝!	3주 3일 학습 끝!	3주 4일 학습 끝!	3주 5일 학습 끝!
4주 1일 학습 끝!	4주 2일 학습 끝!	4주 3일 학습 끝!	4주 4일 학습 끝!	4주 5일 학습 끝!

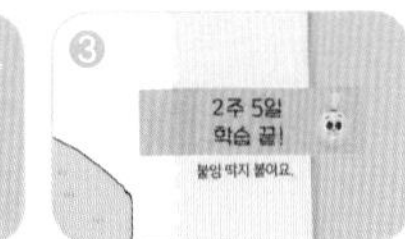

❶ 붙임 딱지의 왼쪽 끝을 붙임 딱지 자리에 잘 맞추어 붙이세요.
❷ 오른쪽에 남은 부분은 점선을 따라 접어 뒤로 붙이세요.
❸ 붙임 딱지를 붙인 모습이에요.

★ 해당 쪽에 알맞은 붙임 딱지를 붙여 주세요.

25쪽

호기심 조심

애국심 욕심

28쪽

호기심 관심

이기심 결심

54쪽

국기

57쪽

군함 공군

개선장군 군인 동장군

122쪽

안목

맹목

129쪽

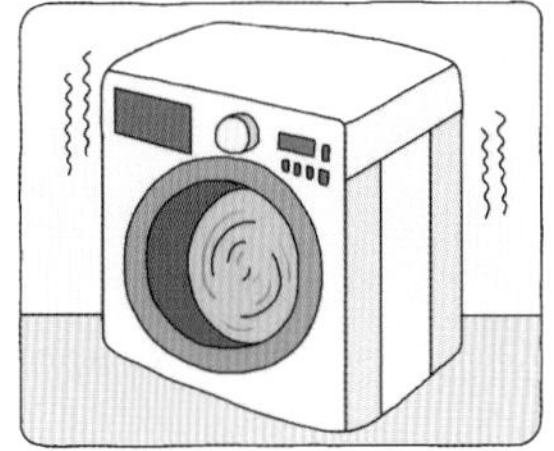

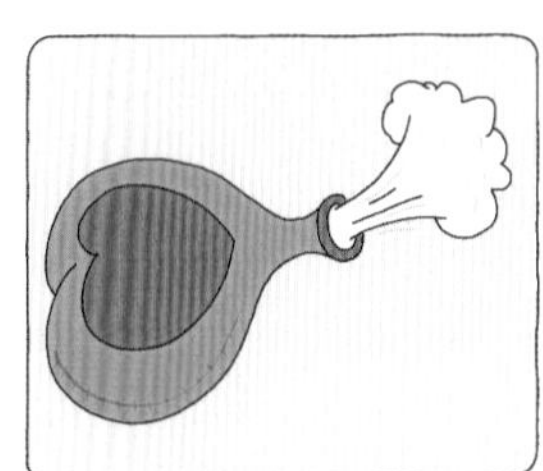